Longe, aqui.

Poesia
incompleta
1998–2019

Maria Esther Maciel

Longe, aqui.

Poesia incompleta 1998–2019

tlOn edições

Para
Altino Caixeta de Castro
e Maria Luíza Ramos,
meus mestres de poesia

15 PRÓLOGO

O LIVRO DAS SUTILEZAS

23 **I. Aqui, onde for**
25 Ao som de Coltrane
26 Alcachofra
28 Coisas de meu pai
29 Visita
30 Hora extrema
31 Elegia para Lygia
32 Quinta-feira
33 Entorno
34 A hora e a vez
35 O que quero com você
36 Antes tarde
37 Wishful thinking
38 Temporal
39 Lux vivens
41 **II. Hortus deliciarum**
43 A vida ao redor
45 Conto de jardim
47 Manhã de dezembro

49	O morcego
51	Cenas de viagem
52	Vozes e ruídos
53	A orquestra da natureza
57	**III. Hildegarten**
59	Arruda
61	Malva
63	Canela
65	Cânhamo
67	Urtiga
69	Arnica
71	Lavanda
73	Mirra
75	Trevo
77	Cominho

O LIVRO DE ZENÓBIA

84	As idades de Zenóbia
90	Os falsos começos
98	Álbum de família
106	Mirabilis e boninas
110	Quatro sonhos de Zenóbia
118	Os que já não são
126	Os amores de Zenóbia
134	Patas e pelos
142	As receitas de Zenóbia

Longe, aqui. Poesia incompleta.

158 As coisas delicadas
166 Das amigas
174 Dos pequenos
182 Do que não se esquece
190 As horas felizes
198 Anexo: Dos cadernos de Zenóbia (Listas)
199 Ervas daninhas
201 Peixes perplexos
203 Cidades raras
205 Temperos e ervas de cheiro
207 Aves em perigo
209 Orquídeas e bromélias
211 Palavras preferidas
213 Livros de cabeceira
215 Notas

TRIZ E OUTROS POEMAS

225 Ofício
227 I. Liturgia
229 Noturno
230 Desterro
231 Paisagem com frutas
232 Aula de desenho
233 Eclipse
234 Cantiga
235 Impasse

236 Mallarmé ao acaso

239 II. Onde o outro

241 Trama

242 Amor

243 Manuseio

244 Elegia

245 A voz e o espelho

246 Setembro

247 Pacto

249 III. Ponto de fuga

251 Constelação

253 Do coração do pai

271 IV. A vida oblíqua

273 Koan

274 Flashes

275 Herança

276 Réplica

277 Contrato

278 Pathos

279 Litania

280 Memória

281 Véspera

282 Desvio

285 V. Longe, aqui

287 Oráculo

288 Aula

289 O guardião da amada morta

290 De como a princesa Somaprabhā respondeu
ao rei, seu pai, mediante os três pretendentes

291 A princesa Ateh no espelho

**293 VI. Pequenos usos para a dor
(outros poemas, 1990-2001)**

295 Plano de voo

296 Blackheath

297 Regalia

298 Resíduos

299 Sobre um filme de Wong Kar-Way

300 Ao som de Chopin

301 Mapa

302 Inventário

303 Epitáfio

304 Réquiem para João

305 Na hora do mundo

306 Achados e perdidos

307 Estalo

309 Suma

311 Onde o poema

312 Notas

314 SOBRE A AUTORA

PRÓLOGO

Do hoje ao ontem, do aqui a todos os lugares onde já não estou ou nunca estive: assim este livro se compõe, valendo-se de uma cronologia reversa e atravessada de desvios. Com ele, busco traçar um pouco da história de meus textos de poesia ao longo dos últimos 21 anos.

Publiquei meu primeiro livro, *Dos haveres do corpo*, em 1984. Mas decidi não o incluir neste volume, por considerá-lo mais um exercício preparatório do que propriamente o início de um projeto poético. Este, a meu ver, se iniciou com *Triz*, de 1998, que aqui entra acrescido de alguns poemas publicados, de forma esparsa, nos anos subsequentes.

Entre *Triz* e os poemas inéditos de *O livro das sutilezas*, escritos entre 2018 e 2019, inscreve-se *O livro de Zenóbia*, de 2004 – um híbrido de poesia e prosa –, acompanhado das listas extraídas d'*Os cadernos de Zenóbia*, do mesmo ano.

Trata-se, assim, de um conjunto incompleto, que traz um pouco (ou um tanto) do que escrevi, sob a denominação instável de poesia, até o presente. Em resumo, reúno aqui o que foi, o que é e o que, já tendo sido, agora é outra coisa.

M.E.M.
Dezembro de 2019

O livro
das
sutilezas

Para Nilza e Lalinha

*Um zumbido dá-me a imensa
alegria*

Fiama Hasse Paes Brandão

I
Aqui, onde for

Ao som de Coltrane

No sofá da sala
dois gatos me olham
arredios:

o de pelo escuro
com ar obtuso
mia, ferino

o de manchas castanhas
arranha o tecido
com ríspida brandura

De repente
um deles
coloca a pata
sobre meu joelho
esquerdo

como se quisesse
me contar
com os olhos
um terrível segredo

Alcachofra

As pétalas se chamam
    capítulos
e se despetalam
    como páginas
de um livro
    com caule e estrias
em verde-claro
    e penugem lírica.
Come-se dela
    quando cozida
a fina camada
    (quase raspa)
de uma por uma
    das lâminas
que os dedos
    levam à boca
para o deleite
    da língua.

E ao fim do último
      capítulo
eis que de repente
surge
a inesperada
      delícia:
um botão tenro e carnudo
– o coração da flor
que vira
      fruta viva.

O livro das sutilezas

Coisas de meu pai

um chapéu de palha sem contorno certo
botinas de couro cru com fivelas soltas

um rádio a pilhas ligado na sala muito cedo
uma camisa de listras finas com dois bolsos

uma bicicleta com cadeirinha dianteira
um balaio de vime cheio de ovos e couves

uma caminhonete com capota vermelha
uma lanterna acesa numa tarde meio fosca

um cortador de unhas preso num chaveiro
sapatos de sola firme para pisar no lodo

uma caixa de ferramentas na prateleira
um maço de cartas guardado num estojo

um regador verde deixado num canteiro
uma colmeia bem cuidada junto às flores

Visita

Toda vez
      que o bem-te-vi
      aparece
ela escreve
um verso
que
aos poucos
      cresce
até virar
(ao que parece)
      um poema.

Hora extrema

Descansa em serenidade
sob a terra de onde não verás
o último suspiro
deste nosso mundo
que se desfaz
na imundície sem nome
     (nem tamanho)
de um tempo
     de alma encardida
e imerso em lama.

Descansa em amor
pois é isso o que levas
de quem fica e não sabe
o que esperar dos dias
que se seguem
sem tua presença sólida
     (e quase eterna)
que agora se recolhe
no escuro solo

sem perder o lume.

Elegia para Lygia

Partiu aos 91 anos
numa hora límpida
bebendo chá
    e ouvindo Bach
num domingo azul
ao lado do filho
    que dela cuidava
com um amor exímio

Talvez por isso
seu rosto imóvel
sob o véu de tule
em meio às flores
    do caixão escuro
parecia
    estar sorrindo.

Quinta-feira

Na despedida
o abraço

com todos os ossos
e nervos
músculos, artérias
e veias

pele com pele
dos pés à cabeça
numa teia
        de afetos
e segredos

É quando o amor
feito só de palavras
se expressa
        em silêncio
e de corpo inteiro

Entorno

Aquele homem ruivo na mesa ao lado
carrega uma expressão indefinida:
estaria atormentado ou apenas triste?
Sua testa franzida, seu olhar entreaberto
diante do copo vazio e da comida fria
sugere algo de que nem ele desconfia.
Minha amiga diz: que homem esquisito.
Mas não sei se é mesmo isso. Talvez seja
apenas um sujeito que perdeu o rumo,
um grande amor ou alguém muito querido.
Seja o que for, não há o que fazer por ele
a não ser deixá-lo em silêncio e alheio
ao que se passa ao redor e alhures.

O livro das sutilezas

A hora e a vez

Chega um dia em que nada
é mais
o que sempre foi.

O sinal
pode ser a queda súbita
de uma palmeira
no teu jardim durante
a chuva

ou um inseto dúbio
que irrompe na prateleira
da estante
(e não consegues saber
de onde ele veio
ou a que veio
naquele instante)

E o que é mais inquietante:
esse dia limpa todos os outros
que vieram antes

Como se fosse
uma borracha branca
sobre a parede suja.

O que quero com você

Entrar em estado de graça num dia de chuva
sob um toldo vermelho meio sujo

Andar nas encostas do rio Paranaíba
e ver que, de repente, a água ficou turva

Beber chá de romã numa noite úmida
e pouco iluminada de outubro

Descascar pêssegos num prato trincado
e dizer em segredo uma palavra lúbrica

Antes tarde

Não me peças amor.

Já te dei minhas horas
de sono
    e de insônia
meus dias de ócio
    e meu sossego

Já quase te dei
    minha vida
e a força
    de meus ossos

Mas amor
    não, por favor:

amor
    eu não posso.

Wishful thinking

Espera um amor
esplêndido
    e sem ruídos
ainda que seja
impossível
    (ou exíguo)
nestes tempos
    de vileza
e almas
    turvas

Temporal

Pelo vidro fumê
da porta do prédio
vejo a chuva espessa
que aflige a avenida
enquanto mulheres
de sombrinhas pretas
e amarelas
passam
    depressa
pela calçada alagada
ou se encolhem
  (em desamparo)
sob a marquise

No espelho que reflete
as imagens líquidas
  vindas do vidro
os carros deslizam
sob meu rosto
pouco nítido
enquanto a chuva
  (agora granizo)
castiga o asfalto
    incisiva.

Lux vivens

Um fio de luz no escuro
traz um brilho oblíquo
ao recinto onde
      (em vigília)
a viúva de olhos tristes
ouve uma sonata
      de Bach
para piano e violino
e vibra por dentro
      rediviva

Num improviso
      de alegria
(um quase extravio)
ela amplia o volume
ao máximo possível
e levíssima
      quase levita

II
Hortus deliciarum

A vida ao redor

Os ramos do pé de jasmim
de Madagascar
sobem pelo tronco
da palmeira ao lado
rumo às tiras de madeira
que cobrem
o terraço.

Já as pimenteiras fazem
um leque vivo
de cores
com o roxo das verbenas
e o vermelho das bromélias
enquanto as avencas
pendem da prateleira
à meia-sombra
protegidas do sol febril
que entra
pela janela.

O livro das sutilezas

De repente

uma ave

    pousa na pedra:

é um bem-te-vi

de olhos tácitos

e pose rara

que parece me trazer

    (com insolência alegre)

algum presságio.

Conto de jardim

A pequena lagarta
que caiu da samambaia
sobre o meu braço
se movia em desespero

e quando a levei
           de volta
ao vaso da planta
minha amiga Tereza
falou, sem pejo:

– jogue na lixeira,
lagartas são pragas
e estragam as folhas
do jardim inteiro.

Mas eu não podia
matar uma larva
tão verde e tão perplexa
como aquela

tampouco tive coragem
de jogá-la pela janela.

O livro das sutilezas

Desci até o jardim do prédio
e a coloquei sobre uma pedra

pois tudo o que é vivo
e me pede vida com medo
me enternece.

E sempre cedo.

Manhã de dezembro

O jardineiro de Santa Efigênia
me ensinou que certas plantas
gostam de silêncio.

Mostrou-me uma orquídea roxa
  com listras brancas
e um cacho de acácias
miúdas e amarelas
  – suas prediletas.

Quando perguntei
sobre trepadeiras
falou-me de alamandas e ipomeias,
jade azul e jasmim-estrela.

Com os dedos longos
  e negros
apontou as flores
  que no verão
ficam alegres
sobretudo se florescem
  sob o sol direto
em treliças ou pérgolas.

O livro das sutilezas

Ele olhava para as plantas
com todo respeito
    e afeto

como se vivesse
    inteiro
só para elas.

O morcego

Entro no escritório
e encontro o pequeno morcego
sobre o tapete
    ao pé da mesa.

Nem é meia-noite
    (tampouco chove)
para ele ter entrado
pela janela
nesta terça quente
    de janeiro.

Lá fora, a lua é nova
e as ervas do jardim
soltam um cheiro incerto:
mistura, talvez, de alecrim,
 arruda e terra seca.

Olho para o morcego
    e vejo-o
como uma mancha preta
    ao lado da cadeira

O livro das sutilezas

(ou seria um olho abstrato
    a olhar
para a mesa onde escrevo?)
Talvez ele esteja apenas cansado
de voar até o andar treze
   onde moro
e apenas queira fazer
   uma pausa breve
antes de ir embora.

Não sei se tem sede
ou procura algum ígneo
e escaldante molho
   para a sua fome.
Isso não importa.

Deixo a porta aberta e saio
   sem medo
esperando que ele descanse
e logo me deixe
   em sossego.

Cenas de viagem

1.
Um peixe azul
nas águas
de Zurique
turva o abismo
da cor

2.
Um grilo trila
num galho
de orquídea
e prevê a chuva
no calor

3.
Um cão escuro
em busca
de refúgio
se encolhe e uiva
sem pudor

O livro das sutilezas

Vozes e ruídos

(ao ritmo de Bernie Krause)

Arrulho. Azurro. Berro. Esturro. Barrido. Curruchio.
Chio. Rincho. Guincho. Relincho. Cuincho. Grinfo.
Trino. Turturino. Rechino. Chilro. Chiado. Choro.
Coaxo. Chilreio. Chuchurreio. Chirrio. Rilho. Balido.
Trilo. Estrídulo. Sibilo. Estalido. Estribilho. Bramido.
Zumbido. Zunido. Guizo. Assovio. Latido. Grito.
Ladrido. Estrugido. Crocito. Grasnido. Pipilo. Bufido.
Gemido. Vagido. Mugido. Suspiro. Nitrido. Tinido.
Retinido. Trisso. Trucilo. Rangido. Atito. Riso. Pipio.
Silvo. Pio. Piado. Miado. Trinado. Brado. Estalo. Farfalho.
Grulhada. Balado. Risada. Barroada. Gargalhada.
Casquinada. Grasno. Tatalo. Volata. Serenata. Canto.
Estrondo. Ronco. Sopro. Regougo. Clamor. Estridor.
Gluglu. Cocoricó. Gorgolejo. Bacorejo. Cacarejo.
Gorjeio. Gazeio. Orneio. Ornejo. Bodejo. Tartareio.
Vozeio. Garganteio. Tarameleio. Zangarreio. Rebusno.
Rosnado. Resmungo. Ululo. Urro. Zurro. Uivo.
Bufo. Ruflo. Rom-rom. Zum-zum. Zum-zum-zum.

A orquestra da natureza

O mundo não é o que pensamos
Carlos Drummond de Andrade

Certos pássaros, insetos e mamíferos só vocalizam nas primeiras horas do dia se há por perto uma lagoa de águas tranquilas.

As formigas cantam roçando as pernas contra o abdômen, enquanto os grilos cricrilam friccionando as asas em ritmo insone.

Os golfinhos podem emitir sons tão intensos e firmes quanto as armas de grosso calibre.

O som do milho crescendo lembra o ruído de mãos rudes e secas se esfregando na borracha de um balão de festa muito cheio.

Há peixes que, discretos em sua existência, anunciam, pelo ranger dos dentes, a sua imprecisa presença.

O livro das sutilezas

Os gorilas se cumprimentam com um ronco espesso e sem solavancos, como se limpassem a garganta.

Os gritos dos filhotes de abutre são tão terríveis e potenttes que ficariam bem em um filme de suspense.

Se as anêmonas produzem sons esquisitos, algumas larvas têm assinaturas sonoras imprevistas.

Os gemidos de um castor desconsolado são mais pungentes que os de qualquer primata em estado deplorável.

Os sapos se protegem coaxando em coro e deixam confusos os coiotes, as corujas e as raposas.

Muitos bichos se comunicam por vias clandestinas ou quase inaudíveis para alguns ouvidos.

Bactérias e vírus também integram a ordem sonora do mundo vivo.

III
Hildegarten

Recriação de verbetes do livro *Physica*
de Hildegard von Bingen

DESENHOS Julia Panadés

Arruda

A arruda se nutre mais do vigor da terra que do ardor do sol. Ligeiramente quente, tem uma umidade implícita, indicada para a cura do amargor das pessoas ressentidas. Quanto mais crua, mais incisiva. A quem tem olhos pretos e turbulentos, embaçados por uma nuvem esquiva, recomenda-se misturar a seiva da erva com duas medidas de mel líquido e um pouco de vinho branco, para depois embeber com a mistura um pedaço de pão de centeio, colocando-o sobre os olhos durante as noites de lua cheia. Já as pessoas que têm no sangue uma paixão desmedida podem conter seus furores se comerem a erva pura em manhãs alternadas durante duas semanas seguidas. É boa também para atenuar as asperezas da melancolia, por suprimir desta o frio intrínseco.

O livro das sutilezas

Malva

A malva tem um frio moderado. É recomendável para quem sofre da melancolia que aflige o cérebro durante as febres esparsas. Basta esmagar a erva com o dobro de sálvia num almofariz, pingar algumas gotas de azeite de oliva e, depois, pôr sobre a cabeça (entre a testa e a nuca), amarrando com um pano. Repetir isso por três dias alternados, refrescando o pano, à noite, com óleo ou vinagre. Já as pessoas que querem clarear o olhar, devem colher, nas manhãs ou nas noites calmas, o orvalho da malva (desde que as folhas estejam tenras) e esfregar com ele os olhos e as pálpebras. Depois, dormir por algumas horas, sem pausas.

O livro das sutilezas

Canela

A canela tem um calor intenso, e sua umidade exígua não dura muito tempo. É ótima para eliminar os maus fluidos do corpo de quem a come em dias de neblina ou nas horas de silêncio. Pode estimular também o ânimo das pessoas sem viço, sobretudo se polvilhada sobre o leite quente misturado com farinha de aveia. Para as febres intermitentes, sugere-se pôr lascas da madeira e algumas folhas da árvore da canela (ainda com seiva) no vinho tinto, ferver a mistura em fogo brando e depois tomá-la num copo de aço, antes do sono. E se alguém com a cabeça entorpecida comer, de forma assídua, canela pulverizada sobre uma fatia de pão ou lambê-la na mão, sentirá o torpor se dissipar junto com os humores daninhos.

Cânhamo

O cânhamo tem uma calidez tímida e cresce quando o ar não está muito quente, nem muito frio. Sua semente é salubre e serve como alimento para pessoas tranquilas. Suave e benéfica para o estômago, diminui os maus humores e fortalece os positivos. No entanto, se alguém fraco da cabeça e com um cérebro oco ingerir cânhamo, ficará aturdido. Já quem sofre de estômago frio deve cozinhar o cânhamo na água e, após espremê-lo, envolvê-lo num pano que deverá ser colocado, ainda quente, sobre o abdômen, em noites serenas. Além disso, um pano feito de cânhamo, com um calor ameno, ajuda a cicatrizar úlceras e feridas por vezes tidas como perenes.

O livro das sutilezas

Urtiga

A urtiga tem um calor ímpar. Por ser áspera e pungente, não deve ser comida crua. Cozinhe-a assim que ela brotar da terra, para que fique tenra no estômago. Quem tem vermes deve tomar suco de urtiga picante com verbasco (planta-de-veludo), acrescentando folhas ou cascas de nogueira, tanto quanto houver. Deve acrescentar ainda um pouco de vinagre, um tanto de mel e levar para ferver numa panela nova, removendo a espuma do topo. Após a fervura, tirar do fogo e, por 15 dias, beber um pouquinho da mistura antes do desjejum e uma quantidade maior depois do almoço. Os vermes vão morrer. Já para as pessoas esquecidas, é só pôr urtiga picante no azeite e, à noite, ungir com a mistura o peito e as têmporas. Em alguns dias, a memória ficará nítida. A erva também cura os cavalos com tosse e de cujas narinas sai uma indesejável espuma.

O livro das sutilezas

Arnica

A arnica é muito quente e possui um calor nocivo para quem tem humores instáveis e precários. Se alguém carente e com pouco viço tiver a pele tocada por arnica fresca, mesmo que por pouquíssimos segundos, sentirá no corpo uma lascívia irreprimível, adoecendo de amor e luxúria por quem tocar a mesma erva nos três dias seguintes, sobretudo se isso acontecer numa tarde de domingo. A pessoa se inflamará de tanto desejo que, sob os arroubos da paixão lúbrica, ficará completamente tola e rendida.

Lavanda

Quente e seca, a lavanda tem uma seiva escassa. Não existe para ser comida, e sim para ser cheirada. Sua potência está no aroma. Se alguém com muitos piolhos inalar a lavanda todos os dias, seus piolhos morrerão por não suportarem os eflúvios da planta que impregnam o couro cabeludo. O seu cheiro depura os olhos, por conter tanto o poder dos odores mais fortes quanto a utilidade dos mais amargos. Ela também refreia muitas coisas perversas e, por conta disso, os espíritos malignos ficam aterrorizados quando, ao invadirem uma casa, deparam com um arranjo de flores dessa erva. Eles fogem depressa, sem chance de regresso.

O livro das sutilezas

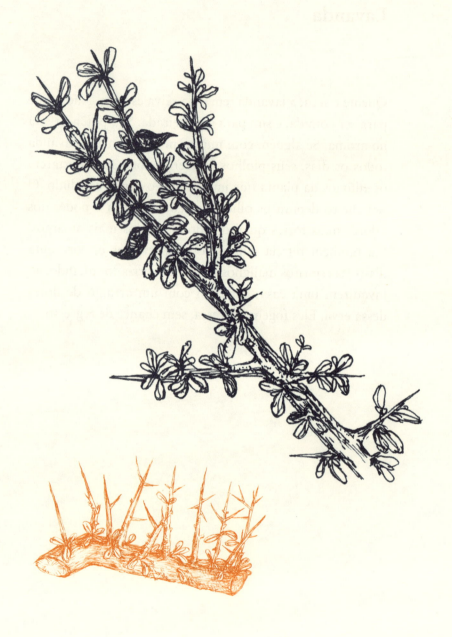

Mirra

Se quiser levar mirra consigo, aqueça-a primeiro ao sol, ou sobre uma telha quente, para que fique um pouco derretida. Depois, segure-a junto ao corpo, de forma que ela absorva o calor ou o suor de sua pele. A mirra espanta fantasmas, demônios, feitiços, pragas e invocações malignas. Se espalhada no peito ou no abdômen, ela subtrai os excessos de luxúria de quem está com o desejo à flor da carne. Por outro lado, se o odor da mirra tira a luxúria de uma pessoa, esta não ficará feliz, já que o cheiro da erva oprime e entristece a alma. Assim, junto com a mirra, é sempre bom levar uma peça de ouro, que neutraliza as impurezas e aviva a mente. Já para as febres intensas, recomenda-se beber mirra misturada com vinho quente.

O livro das sutilezas

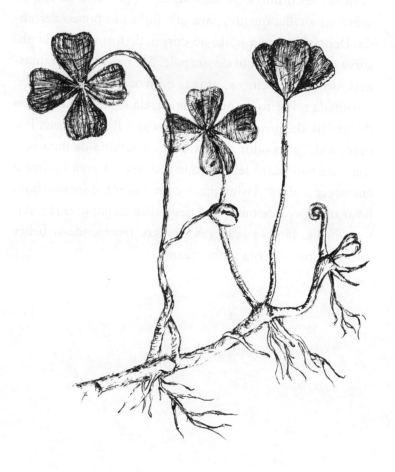

Trevo

O trevo tem tanto calor quanto frio em suas folhas. Além disso, é seco. Seus efeitos são benéficos para os animais de rebanho. No entanto, tem pouca serventia como remédio para os humanos, a não ser em casos de visão obscura. Quando isso acontece, recomenda-se pôr suas flores em azeite de oliva, mexendo-as até que fiquem impregnadas, mas sem cozê-las. Depois, esfregue-as nas pálpebras e ao redor dos olhos nebulosos. Tão logo estes estejam ungidos, jogue as flores fora, já que elas logo perdem seu poder e perecem ao contato demorado com o óleo. Se a pessoa fizer isso várias vezes, a neblina nos olhos se desvanece.

O livro das sutilezas

Cominho

O cominho é seco e de calor comedido. É sempre saudável para uma pessoa com incômodos no estômago, não importa a forma como é comido. Por outro lado, é um veneno para quem tem dor no peito, por não aquecer por completo o coração, que precisa estar sempre quente. Para quem tem náuseas reincidentes, esta é uma receita infalível: misturar um pouco de cominho com um terço de pimenta e um quarto de pimpinela moída, acrescentar farinha de trigo pura, gema de ovo e um pouco de água. Com essa mistura, fazer uma leva de biscoitos assados no forno ou sobre as brasas da fornalha. Outra possibilidade é comer o cominho em pó no pão, pois isso anulará os humores quentes e frios do intestino, que provocam as náuseas.

O livro
de Zenóbia

DESENHOS Elvira Vigna

Às minhas avós Maria e Esther,
com a agradecida memória.

A Tereza,
pela dádiva do encontro.

A José Olympio e Ricardo,
pela cumplicidade.

*Há pouquíssimas palavras
verdadeiras, sólidas o bastante
para que sobre elas se possa
construir uma vida.*

J.M. Coetzee

As idades de Zenóbia

1

Aos dezoito anos, Zenóbia tinha olhos ávidos e não usava óculos. Os cabelos, de um preto instável, pendiam em breves ondas sobre os ombros. Seu corpo magro lhe impunha uma fragilidade que não tinha. Sorria sempre como se escondesse a face sob as sombras.

2

Aos trinta e dois anos, Zenóbia tinha olhos óbvios e ainda não usava óculos. As maçãs do rosto, de um moreno meio rubro, quase encobriam o nariz miúdo. Os cabelos, reclusos. Uma linha – quase ruga – trazia à testa um ar de austera brandura. Mas nenhuma dureza no conjunto, nenhum escuro.

O livro de Zenóbia

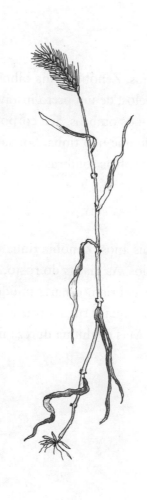

3

Aos quarenta anos, Zenóbia tinha olhos sóbrios e usava óculos com aros de tartaruga. Os cabelos, curtos. O risco na testa, agora um sulco. Seu vulto era raro. O sorriso esquivo: seu ponto de fuga. Uma incerta elegância a tomava quase absurda.

4

Aos cinquenta e oito anos, Zenóbia tinha olhos sólidos, sob os óculos de lentes turvas. No susto da idade aprendeu que ainda era cedo e quis experimentar tudo. Nos cabelos cinza, nenhum sinal de pejo. Imune ao peso do mundo, ela parecia não ter culpa ou medo.

O livro de Zenóbia

5

Aos setenta e quatro anos, Zenóbia tinha olhos estoicos por trás dos óculos de hastes curvas. Trazia o cabelo de nuvem rente à nuca. E apesar do luto, não perdia o lume. De tudo, mesmo das coisas soturnas, sabia extrair o sumo. Todos diziam que não morreria nunca.

6

Aos oitenta e oito anos, Zenóbia parece ter setenta e nove. Os olhos, sob as lentes sem aro, estão ilágrimes. Os cabelos, ralos, de um branco insone. Já não há dor ou noite para a sua alma, é claro. Na aura da idade, já sabe quase tudo. E todos já pensam que ela é um milagre. Ou um sonho.

O livro de Zenóbia

Os falsos começos

1

Ela nasceu com a estrela na testa – vaticinou a mulher. Minutos depois, o médico, em tom sombrio, disse que ela morreria ao amanhecer. Cinco semanas se passaram desde as vinte e duas horas daquele dia soturno. E aí ela morreu pela primeira vez. Três outras mortes lhe sucederam desde então, em um espaço de sessenta e oito dias. Até que seu pai encontrou num livro uma forma de não mais deixá-la morrer. Das mortes que teve, Zenóbia guarda apenas a memória da primeira: e sobre esta não deixaria de escrever a vida inteira.

2

Quanta dor sentiu a mãe quando sua segunda filha, Dolores, nasceu. *Morrer é nada, quando passa* – disse Emília, a parteira da família. *Mas a dor de nascer ou parir, não. Fica na exata medida de nosso nome, embora tenha sempre um elemento em branco, que nunca volta à memória ou aos sonhos* – completou. E por conta daquelas dores, a menina mereceu da mãe todos os amores possíveis e todas as horas de todos os seus dias. Foi a filha mais querida. Zenóbia custaria a entender, é claro, por que lhe fora negado o que Dolores teve como maior regalia.

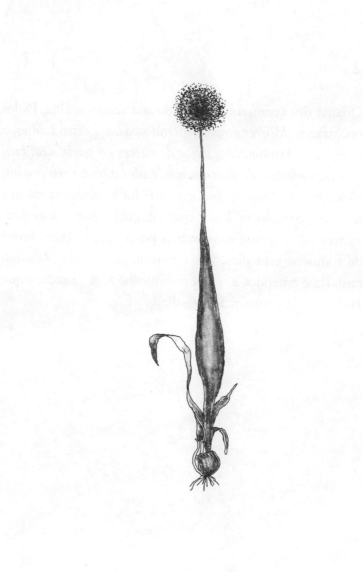

3

Quando nasceu o menino, sua mãe o entregou aos cuidados de uma ama de leite que, em poucos meses, o abandonou. Desde então, João só quis saber de leite de cabra, que tomava todos os dias, às sete horas da manhã e às seis da tarde. Aos 8 anos, cismou que era um padre. Rezava missa para as pedras e as árvores do jardim de sua casa, a cada pôr do sol dos meses pares. Depois pensou que fosse um professor de matemática. Dava aulas para os vidros vazios de remédio que colecionava. Até que cresceu e passou a estudar o comportamento dos pássaros. Com ele Zenóbia aprendeu que as aves migratórias inventam o seu próprio espaço.

O livro de Zenóbia

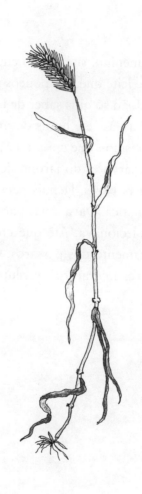

4

Ele foi gestado em quatro meses e, no desejo de sossego, não nasceu. Seu nome nunca existiu, embora falassem em Felipe ou Matheus. Como Zenóbia costuma dizer, era para ele ter sido um menino feliz. Ter suportado, sem fastio, todas as desordens de seus dias e nunca ter deixado de inventar suas próprias paisagens, fossem elas de pedra ou de rio. Era para ter aprendido que a imperfeição é nossa porção de paraíso possível e que há sempre um poema que não chega à palavra, por mais que esta delire.

Álbum de família

1

Ela se aproximou de Zenóbia, tomou-a no colo e falou: *só as faces brancas usam pó de arroz.* Depois esfregou no rosto escuro da menina punhados de café em pó. Era sempre assim com essa avó: ela tomava da neta os doces antes que esta os pusesse na boca, arrancava os cabelos de suas bonecas de louça, punha seu berço sob as goteiras, sem dó. E o que era pior: contava-lhe histórias de meninas que furavam os olhos dos pássaros só para vê-los sentir dor. A cada dia ela inventava um novo suplício, só pelo vício do rigor ou pelo gosto do castigo. Até que no difícil ato de crescer, Zenóbia acabou por supor que em sua avó a crueldade era uma forma de amor, um mal quase sem malícia.

O livro de Zenóbia

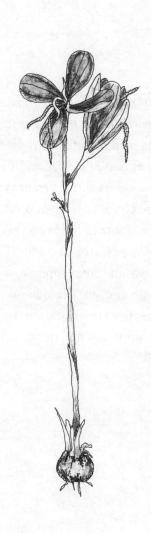

2

A outra avó de Zenóbia era uma quitandeira de mão cheia. Com três xícaras de polvilho, duas de açúcar, cinco ovos (dois sem claras) e casca de limão ralado a gosto, fazia brevidades de dar água na boca. Seus pães de queijo eram o seu maior tesouro. Para não falar dos bolos de cenoura, das roscas de trança e dos doces. Seu tempo não tinha o mofo dos anos, mas renovava-se a cada biscoito, a cada papo-de-anjo. Com ela Zenóbia aprendeu os mistérios da broa de milho sem farinha de trigo e do pudim de leite com rapadura; compartilhou cada instante de cada uma de todas as gostosuras. E foi num dia de chuva, entre relâmpagos e crisântemos, que essa avó lhe disse em silêncio que naquelas quitandas deixava sua maior herança.

O livro de Zenóbia

3

Quando ela benzia, as brasas se afundavam no copo d'água, como num milagre. Não à toa Zenóbia via naquela avó adotada, que morava na casa dos fundos com três cães vira-latas, uma espécie de fada. Dela ouvia quase todos os dias, à beira da fornalha, fábulas e estórias de fantasmas. Com a alma à flor das faces, fascinada. *Só quem já foi amado por um cão sabe o que é uma dádiva* – disse ela a Zenóbia numa tarde de sábado. Suas palavras eram sempre claridades. Feitas de um saber raro, desses que mais parecem inventados. Viveu até o dia de seu nonagésimo quarto aniversário. E ainda hoje em seu túmulo florescem dálias, sem que nunca tivessem sido ali plantadas.

O livro de Zenóbia

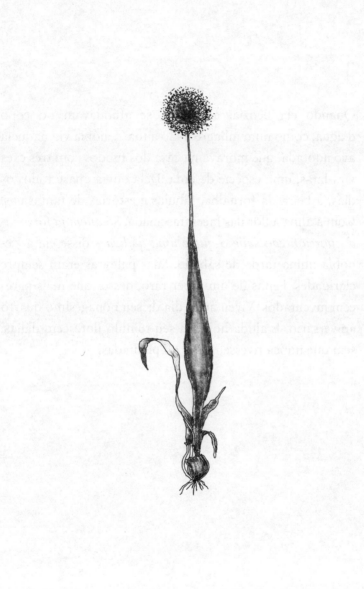

4

Ela era uma tia-avó que Zenóbia adotou como madrinha. Morava só, num casarão assombrado, entre móveis raros, porcelanas finas e retratos de antepassados. Não tinha medo de ficar sozinha e sua sina era ser sóbria, de uma elegância quase tímida. Nenhum desatino em seu olhar se via: cada um de seus gestos continha uma lógica, um siso, uma medida. Com certeza, a ideia de uma ponte jamais a faria pensar no abismo. *Quanto mais as coisas mudam, mais continuam as mesmas* – dizia às vezes, com uma lucidez pouco dada a surpresas. Sabe-se que morreu de velha, numa sexta-feira, entre velas e desvelos. E quase levou Zenóbia com ela, mas achou que ainda era cedo.

O livro de Zenóbia

Mirabilis e boninas

1

Plantas de raízes drásticas eram cultivadas por Zenóbia em 1976. Eram doze as espécies que cresciam no jardim estranho que criara em sua nova casa. Delas cuidava como se fossem uma dádiva, uma beleza ideal ou seu nada.

2

Tanta dor teve Zenóbia quando seu primeiro cão morreu que escreveu cem vezes seis vezes o nome dele no chão do quarto. Eram quatro para as onze quando completou o quadro. Foi dormir quase sem culpa ou cansaço. Sonhou com um pássaro sem asa.

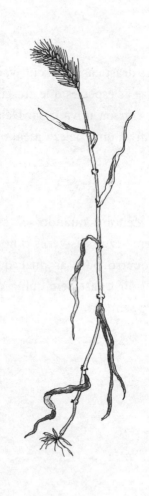

3

Em 1987, Zenóbia conheceu na rua uma mulher que vendia palavras. Eram todas inventadas. Encantou-se com "ilágrime". Comprou-a, sem alarde. Porém, mais tarde, soube que essa era uma palavra roubada.

4

Alicia Mirabilis foi o nome que Zenóbia usou quando publicou o seu livro sobre os milagres de Santa Clara. Já ao escrever sobre Teresa d'Ávila, escolheu o nome Notylia. Descobriu-o quando pesquisava orquídeas numa ilha que inventou no dia de sua maior alegria.

Quatro sonhos de Zenóbia

1

Nos canteiros daquela casa não havia camélias, rosas, crisântemos ou alpínias. Só ervas daninhas, que iam da serralha ao capim-pé-de-galinha. Dentro da casa, os cômodos se dispunham um após o outro, em fila, sendo que um dos quartos ficava entre a cozinha e a sala. Com toalhas de mesa se enxugava o corpo após o banho. Comia-se com o prato no colo, cada pessoa no seu canto. Por todo lado, o lixo se espalhava. E as coisas se perdiam no caos ou no descaso de seus donos. Aquela que fingia estar ali (de costas) era eu, olhando de soslaio para um ponto vago, quase um nada. Como se meu silêncio estivesse à margem daquilo que mais desejava.

O livro de Zenóbia

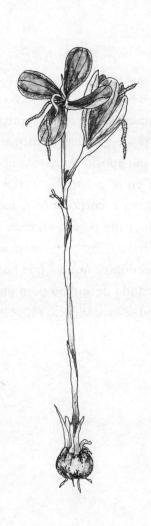

2

Com quantas horas se faz um infinito? – ele perguntou na vertigem de sua febre. Dois dias depois, morreu. Ninguém entendeu como um jovem tão belo como aquele pudesse partir tão cedo, antes mesmo de cumprir sua promessa de ordenar, em círculos, as pedras do terreiro. Visitei seu túmulo três vezes no espaço de cinco dias. Na primeira vez, espalhei sobre a grama os papéis rasgados dos últimos bilhetes que me escreveu. Na segunda, gravei um nome na pedra de sua lápide incerta. Na terceira, nada deixei além de meu cansaço, minha insônia e meus últimos dias de infelicidade.

3

Ajoelhada sobre grãos de milho, de braços abertos e rosto contra a parede branca descascada, esperei que minha mãe se esquecesse de mim, para então subir no galho mais alto da goiabeira que ficava no meio do quintal. Comigo levei a peruca loira que roubara de minha tia, para fingir que eu era a mãe de todas as goiabas. Peguei uma por uma. Chamei-as pelo nome, li estórias para elas, cantei para que dormissem. Ao anoitecer, percebi que eu já não tinha mais sete anos. Voltei, em silêncio, para os grãos de milho e a parede branca descascada, abri os braços e chorei até meu pai chegar de não sei onde e me levar no colo para um jardim, onde soprou minhas feridas e as cobriu com pétalas de lírio.

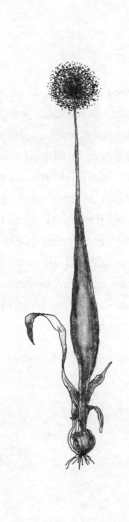

4

Todos aguardavam, em sobressalto, a vinda dos mortos-vivos. Eles viriam pela última vez. Tomariam os quartos da casa, o alpendre, as escadas do porão e os armários. Não teriam compaixão ou calma. Corri, então, para o fundo do quintal, subi no muro e saltei para o telhado ao lado. Quando dei por mim, estava em um imenso jardim sem flores. Lembrei-me, num lampejo, de todas as pessoas e animais que deixara naquela casa, em desamparo contra os fantasmas. Sem culpa, sentei-me à beira de uma fonte e mergulhei os pés na água. O céu, de nuvens turvas, me olhava, como se minha não fosse a minha própria cara.

O livro de Zenóbia

Os que já não são

1

Ele era desses que queriam tornar possíveis no agora todas as quimeras. Sua pressa já era indício de uma vida breve. Acordava cedo e a cada minuto buscava um novo início. E no que falava buscava sempre o desperdício: suas palavras engendravam outras, até o infinito. Se não era capaz de medos, era de assombros. E nos sonhos se via às vezes deitado sobre a grama, em contenda com a própria sombra. Foi em novembro que ele soube que iria morrer em poucos anos. Mas durou apenas até o primeiro outono, deixando para Zenóbia um ramo de folhas secas, um anjo indeciso de gesso e um livro laranja, quase vermelho.

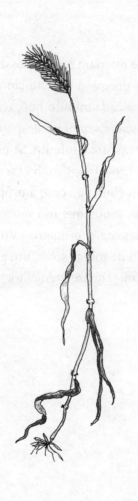

2

Isto só pode ser uma imagem feita à margem de Deus – Zenóbia pensou, ao chegar na sala e ver o rosto da morta através do espelho. Como podia tanta beleza ficar assim tão desfeita ao converter-se em cera? Nela, era como se o veneno de dentro tivesse atingido a pele inteira, como se todo o mal da alma se fizesse pedra nas faces e pusesse todo o corpo à beira de si mesmo. Diante daquele cadáver não havia quem não se colocasse em estado de perda. Nem Zenóbia, que da morta em vida recebera apenas desprezo, não se conteve em pena: afagou-lhe os cabelos, perdoou-lhe os erros e pôs-lhe sobre o peito dois ramos de amor-perfeito. E até hoje se assusta com o seu espectro em noites de janeiro.

3

Somos um haver da morte, nós e o que é nosso – ela escreveu sem pressa, ao ver o retrato dele sobre a mesa. Isso, para não escrever: *em meu pai não posso imaginar a carne podre*. Um deus pode? Sobre isso Zenóbia se cala, apesar de saber dos vermes, da terra úmida do cemitério, dos caldos verdes da pele. Não, ela não deseja dizer que, aquele que ora foi um corpo, agora é um cadáver que já não se dá a ver senão como palavra. Entretanto, escreve: *em cada ave vejo o teu voo sumindo para fora da asa*. Metáforas para velar a realidade das larvas, os reveses das vísceras e das cartilagens. Falsas paisagens da alma, do nada inumerável.

O livro de Zenóbia

4

Zenóbia conta que o que seu tio mais queria era receber os estigmas da Paixão. E que, por razões transversas, ele tentara cortar os pulsos com cacos de vidro numa noite de Natal. De fato, quem o conheceu sabe que ele foi um enigma sem solução. Dizem que uma de suas manias era tomar café com laranjas ao meio-dia, antes de almoçar sozinho, trancado no porão. Isso quando não fazia jejuns misturados com barbitúricos e orações. Ele parecia ter um pacto com a agonia, com a aflição, e sempre que podia furava o dorso com a ponta afiada de um buril. *O êxtase se aprende pela dor* – costumava repetir, febril, em seus momentos de fulgor. Partiu sem se despedir de ninguém, com um talho fundo no coração.

Os amores de Zenóbia

1.

Tudo acontece em nós muito antes de ter acontecido – ele disse. Zenóbia sorriu com um sim, enquanto o ajudava a colocar as fivelas nos sapatos que ele mesmo fizera na oficina de calçados de seu pai. Ela, que sempre tivera um encanto pelos sapateiros e mantinha uma imagem de São Crispim no canto esquerdo da penteadeira, deleitava-se com o ofício de seu primeiro namorado. Ao seu lado, sentia-se devolvida à vida livre. Comovia-se com os mínimos desvios da tesoura sobre o couro e se deleitava com os pingos de cola que ficavam nas bordas de botas e sandálias. Ali, com Olavo, o tempo não tinha peso ou falha. E o amor parecia estar sempre nos detalhes.

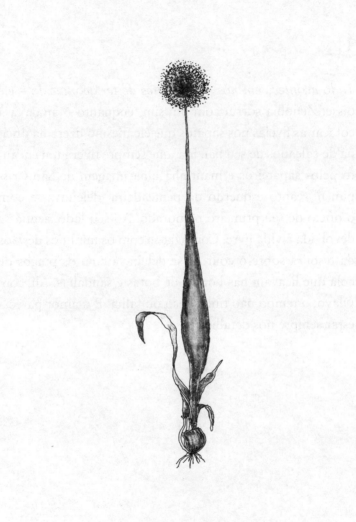

2

Vez por outra, Ilídio aparecia para dizer a ela que lá, onde nunca esteve, sempre estaria. Ela achava graça e o convidava para um chá de cidreira com bolachas de gengibre. Nas delícias desses dias, trocavam toques nos braços, quase carícias. Até que em uma tarde fria, ele a abraçou e a chamou de querida. Zenóbia se sentiu infinita. Pressentiu que aquele abraço era indício de uma longa alegria. A partir de então, passaram a se encontrar em tardes ímpares. No início, trocavam apenas abraços em silêncio. Depois, beijos sem malícia. Com o tempo, já não se davam mais conta do que faziam. A notícia que se tem é que ficaram juntos até o momento em que atingiram o que um poeta chamou de inércia feliz do movimento.

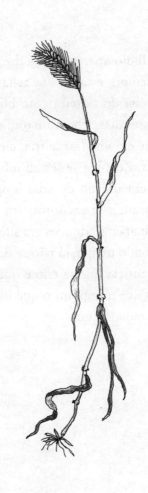

3

Belmiro tinha uma curiosa hipocondria. Queria todas as dores que não sentia para sobre elas escrever poemas tristes. Suas doenças eram o motivo necessário para que a poesia surgisse. E fim não havia que pusesse termo naquele vício. Zenóbia, no início, tomou tais enfermidades como um capricho. Divertiu-se, por exemplo, com os versos que ele fez um dia à luz das alergias que o atacavam em noites de preguiça. Ou com a ode iluminada pelas manchas que lhe apareciam quando ouvia a *Valsa Mephisto*, de Liszt. Sua lista de males era quase erudita. Para não dizer esquisita. Mas, aos poucos, Zenóbia cansou-se daquelas sandices. Não disse nada: deixou-o no primeiro solstício do ano. Sem conflitos.

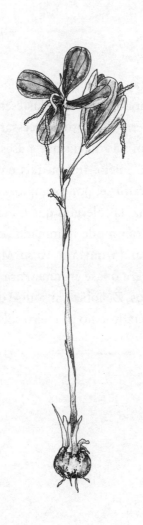

4.

Amâncio era um jovem de corpo médio e cor intensa. Trazia no rosto algo de incisivo e inconcluso. Seu dorso era dúctil e em seus olhos se via quase tudo do que se passava no fundo. Zenóbia não teve dúvidas: naquele homem estava o seu rumo, o resumo de seu mais próximo e distante futuro. Previu que em breve dele saberia de cor o desenho das unhas, a curva da nuca, a trama de veias e os pelos das coxas. E que sem ele o mundo duraria pouco. Em vinte e um noturnos, escritos em oito noites de junho, celebrou desse amor o sumo. E num dia de chuva, em meio a tuias e latânias, descobriu com ele que há coisas (e pessoas) que não se deixam nunca.

O livro de Zenóbia

Patas e pelos

1

Quando Bepo cruzou a rua, em frente à loja de queijos, a única coisa que ele não viu foi a bicicleta que o lançou para fora de seu próprio pelo. Logo ele, que tivera de Zenóbia todo o zelo que nenhum outro gato da casa antes merecera. Ao saber do que houve, ela não se conteve: lamentou de Bepo a vida breve, antes de envolvê-lo em papel azul de seda e cobri-lo com flores secas. O enterro foi na sexta-feira cedo. O céu estava denso, mas sem peso. Zenóbia, em segredo, pensou duas vezes antes de dizer para si mesma que toda perda oculta uma controversa beleza.

O livro de Zenóbia

2

Orfeu não tinha a orelha esquerda. Sua cor era preta, embora no dorso trouxesse uma nesga de pelo bege. Não creio que fosse feio. E como todo cão que se preze, fazia da cauda o seu privilégio. Latia todos os dias, às oito horas, enquanto sua dona aprendia latim no escritório. Dos sons tirava sempre o seu agora. Dos cheiros, a memória do que não teve. Seu saber, diziam, não tinha erros. Para ele Zenóbia escreveu três sonetos, duas odes e um epicédio. Por certo aprendeu com ele a não ter medo. Ou tédio.

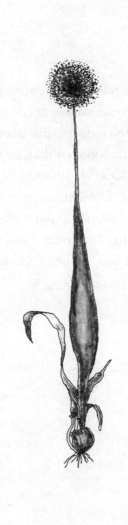

3

Suze foi achada em uma rua suja, entre pedras e entulho. Seus olhos, de um cinza escuro, pediam quase tudo. Zenóbia afligiu-se com seu jeito lúgubre e levou-a para os banhos da tia Nilza. No fundo, sabia que aquela cadela se tornaria um dia sua melhor amiga. Esta, como se previa, perdeu os sinais da fome e recobrou o lume. Logo, todo mundo passou a vê-la como um modelo de beleza canina. Todas as meninas do bairro a queriam. Mas nenhuma delas teve o que só a Zenóbia oferecia. Suze viveu quinze anos e ninguém sabe até hoje como isso foi possível.

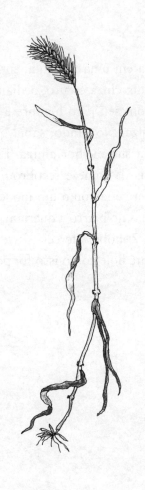

4

No jardim de Zenóbia havia *Alpinia sessilis, Ascanea sativa, Rosa canina* e todas as plantas de clima ríspido. Seu fascínio pelas coisas tímidas nunca lhe permitiria ali plantar girassóis, gerânios ou glicínias. Desde menina, era isso: gostava do estranho, do difícil. Ao ponto de dar a seu novo gato o nome de Finnicius. Mas também pudera: ele era esquisitíssimo: tinha cabeça oblonga e rabo oblíquo. Comia apenas bolinho de trigo e seu *pathos* não se capturava à primeira vista. Com ele Zenóbia descobriu que as coisas estranhas são, às vezes, as mais simples.

As receitas de Zenóbia

1

Uma salada de melão gelado com hortelã e cubos de queijo canastra se faz às onze e vinte da manhã de um dia de muito sol e chuvas esparsas. Dos pedaços da fruta, tire as sementes com um garfo que não seja de plástico, corte-os em cubinhos de três centímetros, fazendo o mesmo com o queijo. Acomode tudo numa tigela amarela, acrescente treze folhas da erva, duas colheres de caldo de limão-galego e seis colheres de azeite, com pitadas de sal (e, se quiser, de noz-moscada). Sirva aos convidados com o prazer de quem alimenta um pássaro.

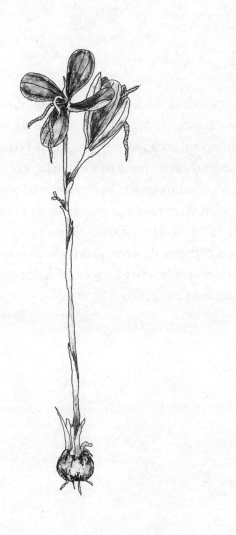

2

Nas noites insossas, faça uma sopa de cenoura e mandioquinha ao açafrão, não sem antes molhar as mãos em uma taça com suco de limão. Pegue quatro xícaras de caldo de legumes com salsinha, meio quilo de cenouras, meio de mandioquinha e uma cebola. Doure esta com o açafrão em duas colheres (de chá) de óleo. Adicione os ingredientes na caçarola e deixe-os cozinhar por um quarto de hora. Sove-os depois lentamente até se tornarem uma pasta tenra. Leve tudo ao fogo para fervura e tempere com sal e pimenta-do-reino. Sirva em pratos escuros, decorados com espirais de iogurte e tiras finas de cenoura.

O livro de Zenóbia

3

Doze espigas de milho verde bastam para se fazer pamonha com grãos de erva-doce para uma família de oito pessoas. Tire as palhas das espigas e separe as melhores em uma vasilha. Rale o milho em uma gamela feita com raiz de figueira. Acrescente leite o suficiente para que forme um caldo grosso. Então passe tudo numa peneira, adoce a gosto e ponha uma pitadinha de sal com os grãos de erva-doce. Encha com pequenas porções da massa as palhas de milho, enrole e amarre cada uma com tiras de pano. Deite as pamonhas em um caldeirão de água quente e deixe na fervura até que fiquem prontas. Agora, o segredo: pamonha boa é feita com desejo.

O livro de Zenóbia

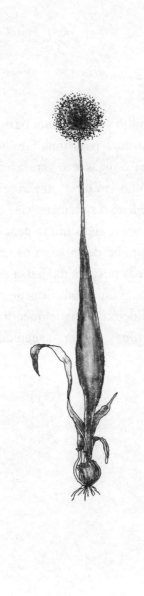

4

Torta de abóbora com canela e gengibre é um prato para quando se está triste. Faça primeiro uma massa com uma xícara (de chá) de farinha de trigo, meia de manteiga, três colheres (de sopa) de água fria e um pouquinho de sal marinho moído. Para o recheio, meio quilo de abóbora cozida, creme de leite fresco, dois ovos, gengibre ralado, açúcar mascavo, canela em pó e noz-moscada. Ponha ainda dez cravos-da-índia. Abra a massa em uma assadeira e encha com o recheio, colocando tudo no forno por exatos trinta e cinco minutos e meio. Um conselho: coma a torta com sorvete de natas em um prato vermelho.

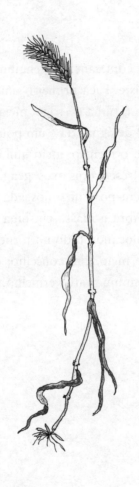

5

De enganos consentidos às vezes surgem as surpresas. É o caso desta receita, que era para levar peras, mas foi feita com goiabas vermelhas. O bolo não tem segredo: basta misturar 150 gramas de farinha de trigo, quatro colheres (de sopa) de manteiga, uma colher de fermento, mel de flor de laranjeira e goiabas frescas coadas na peneira. Faça tudo com alma, sem atropelo. Uma pitada de sal deve ser ligeira, para que seu gosto não apareça. Despeje tudo em uma vasilha untada com manteiga e depois asse, sem pressa. Ah, não se esqueça de pôr na massa três gotas de essência de baunilha. Sirva as fatias do bolo no fim do dia, com uma xícara de chá de tília.

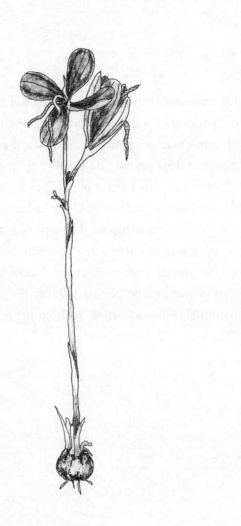

6

Em dezessete minutos pode-se preparar um espaguete ao molho de três ervas. Um prato que – como se sabe – condiz com os dias felizes e as horas ternas. Para o molho, bata sete ramos de salsinha, quatro colheres (de sopa) de manjericão (ou manjerona), uma de estragão picado, duas de vinho branco, quatro de iogurte fresco, azeite, pouco sal e um dente de alho. Cozinhe o macarrão como de hábito, atenta para que não fique flácido. Escorra a água, ponha a massa numa travessa de alças, misture o molho e polvilhe com salsa e queijo ralado. Antes de começar a comer, não diga nenhuma palavra.

O livro de Zenóbia

7

Dizem que nenhum destino é tão insuportável que uma alma razoável não encontre pelo menos uma coisa para consolo. Às vezes um bolo de amêndoas ou uma salada de endívias e sálvia nos salva dos piores desgostos. Ou até mesmo um prato bem simples, como o de berinjelas ao forno. Para prepará-lo, retire os talos de duas berinjelas e corte-as pela metade, fazendo na polpa quatro talhos cruzados. Tempere com sal e alho e leve-as para assar em papel alumínio. Enquanto isso, refogue dez fatias de tomates com azeite de oliva, orégano e tomilho. Desembrulhe as berinjelas, ponha nelas o molho, com queijo minas por cima. Leve-as de volta ao forno e depois se sirva com uma taça de vinho tinto.

O livro de Zenóbia

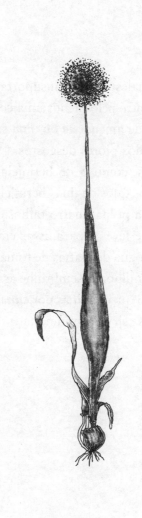

8

O vigor oculto de uma fruta delicada se dá a ver no suco da jabuticaba. Uma vez na boca, parece que nos rapta a alma. Mas nada como um refresco de melão com melissa para acalmar as lágrimas. E para incitar a lascívia, um néctar de pêssego com um toque de gengibre em lascas. Aliás, dos afrodisíacos, nada tão incisivo quanto o licor da flor do absinto. Para se tomar em doses mínimas, nas noites de quinta ou nas tardes de domingo. Ainda sugiro, no caso de alergias, um suco de maçã com camomila, duas ou três vezes ao dia. E uma última dica: ao tomar uma xícara de café com cardamomo, deixe que sua boca delire.

As coisas delicadas

1

Zenóbia diz que a lírica, e não a crônica, define seu pacto com a vida e o sonho. Mas o trágico é o seu *pathos*, o seu idioma subterrâneo. Não é na dor que reluz o mundano? Mas atenta aos danos do patético, ela busca também no úrico, no irônico, o estranho de tudo. Sua luz, por isso, é de um branco quase castanho. Ou da cor do estanho, esse metal macio e insone.

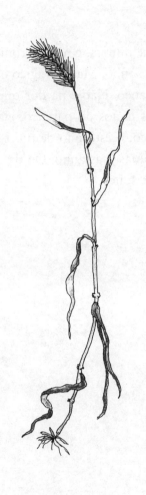

2

Zenóbia sempre quis ir a Alhandra. Mas movida pelo enigma do nome. Por imaginar que lá as coisas se abandonam à revelia das próprias sombras. Que os dias se alongam em ritmos unânimes, alheios ao encanto das noites de outono. Seria uma cidade onde todas as casas são brancas? Onde as aves gralham sobre os ramos de uma *Nectandra saligna*? Que lugares esse nome torna possíveis?

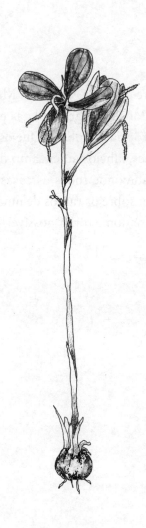

3

Há certas imagens mais fortes que nós – Zenóbia escreve. Como aquela de seu pai dançando, de terno azul-escuro, numa incerta noite de julho. Não havia chão, não havia sólido para seus passos de quase voo e vertigem. Esguio, dançava a valsa à margem do rigor, sem susto ou perigo. No impulso de sua figura, era o centro da sala que parecia em movimento, em rodopio.

4

Quando Zenóbia viu aqueles homens tristes marcando o boi com o ferro em brasa, ela não conteve em sua alma a mesma dor que o animal provava na carne. Repetiu quase em lágrimas o que falara um dia seu tio Carlos: *no rastro da tristeza muitos chegam à crueldade.* Olhou para os olhos do boi desesperado e viu que neles tudo chamava à piedade, sem nada ocultarem do que até então guardavam. Poucas realidades seriam para ela tão rudes quanto a cena daquela tarde.

Das amigas

1

Cecília tinha tudo para ser louca, mas não era. Embora de olhar um pouco sério, não deixava de ter uma ternura discreta. *Não é preciso fazer nada para se estar na alma de tudo* – costumava dizer a Zenóbia, quando as duas se encontravam em tardes fúteis. Para ela, se a morte era o escuro, a vida era relâmpago. Por isso vivia sempre de relance, tornando bastante cada minuto. Um dia, num impulso, pegou a mala e sumiu no mundo. Até hoje Zenóbia não sabe se ela continua viva, e lúcida.

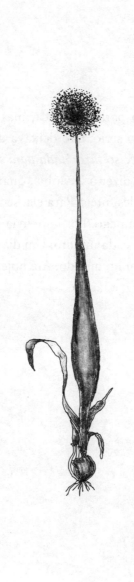

2

Lia, por muitos anos, espalhou ao mundo seu apreço por Zenóbia. Dela dizia muitas canduras, com os olhos mansos, de um azul cheio de virtudes. De espessuras pareciam se fazer seus zelos de amiga, em todo acaso, em qualquer vicissitude. Até que, a certa altura, Zenóbia viu que esse amor era feito de imposturas e que sob as palavras da amiga jazia uma insuspeita perfídia. Passou a não mais tolerar-lhe o sorriso, até se afastar, sem litígio. Mas ainda se pergunta: *depois disso, qual o perdão possível?*

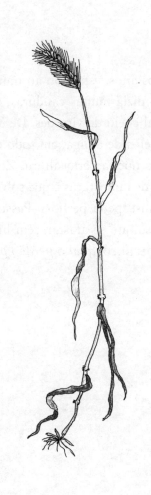

3

Tudo nela é ainda uma ausência que se demora – pensou Zenóbia ao lembrar-se de Dora, sua melhor amiga de infância. Esta, que abandonara tudo e todos pela dança, deve ter tido o prazer de não viver entre parêntesis. Sua sina tinha mesmo que ser a do corpo em movimento. Na recusa do descanso deve ter passado todos esses anos e pode ser que esteja, até hoje, dançando. Zenóbia a admira com secreta nostalgia. E sempre planeja procurá-la, levando nas mãos três ramos de estrelítzias.

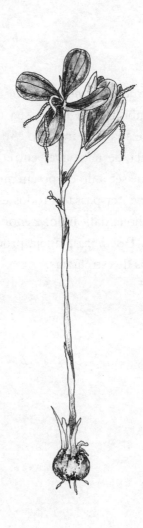

4

Zenóbia já definiu Hildegarda como uma dessas amigas que estão sempre aqui, mesmo quando não estão. As duas sempre se entendem nos mais difíceis desencontros e se reencontram com a mesma alegria de antes. Cultivam, juntas, o amor pelos cães, as plantas e os livros. Gostam de chá e de paisagens estranhas. E acham um rebanho de ovelhas um encanto. Poderiam ser irmãs se não fossem amigas. E sempre se dizem, em silêncio, que uma amizade como essa dura para além de toda a vida.

Dos pequenos

1

Aonde é que você não vai? – perguntou Pedro à sua mãe, que se penteava diante do espelho. Zenóbia virou-se e viu uma súplica oculta nos olhos do filho. Ele, em seus quatro anos, ainda não estava pronto para aceitar que ela também pertencia ao mundo, aos apelos do humano. Estar ou não estar com ela era a medida de seus dias, como se fora desses limites a vida fosse sombra. Mas aos poucos ele foi aprendendo que o amor também se faz de faltas e distância, e que há bens que nenhum mal pode nos tirar, mesmo que por um instante.

2

A filha que Zenóbia não teve se chamaria Sofia. Ela teria nascido às 22 horas do dia de Santa Brígida, entre olhares ternos e ramos de mirto. Teria sido morena, de olhos firmes. Amaria as joaninhas e os grilos. Colecionaria cascas, talos e raízes. Saberia despojar a vida de qualquer insígnia, de qualquer sobejo de prestígio. Curaria as desditas com a agradecida memória da coisa perdida e nunca deixaria de cultivar no siso uma dose de delírio. À beira do Paranaíba veria o seu primeiro eclipse, em cintilações de êxtase explícito.

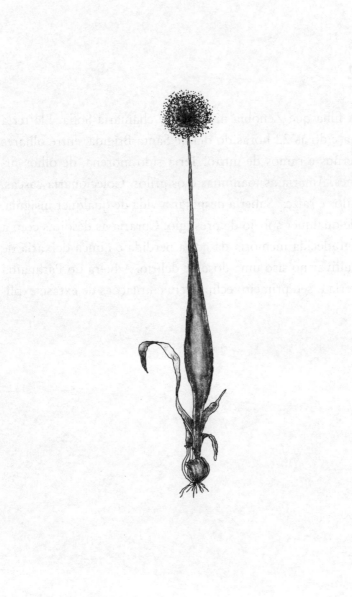

3

A sobrinha de Zenóbia foi batizada em um mês oblíquo. Recebeu o nome de Lívia e, ao contrário do que lhe convinha, não teve a tia como madrinha. A cerimônia se fez numa capela cheia de gérberas e boninas, conduzida por um padre de batina cinza. A menina, linda em um vestido branco de linho, olhava para tudo, como se perguntasse às coisas e às pessoas qual o bem que não se pode esperar do destino. E Zenóbia, antes de sair de fininho, disse-lhe, em surdina: *que brilhe em sua sina a estrela do amor transverso, infinda.*

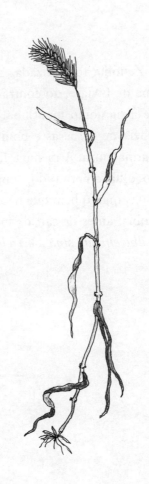

4

Maria nasceu à luz de uma lamparina, numa noite de lua tímida. Afilhada de Zenóbia, trouxe para a madrinha uma alegria sem impostura, límpida. A solicitude sempre foi um hábito de sua alma, desde menina. Cresceu com calma, por saber que tudo o que se apressa passa como faísca. Exígua é ainda a sua malícia. E por princípio, prefere a falta de ênfase ao desperdício. Quase todas as quintas, às cinco, ela visita Zenóbia com um prato de delícias. Conta-lhe sobre a vida e suas insídias. E despede-se com um abraço de corpo inteiro, desses que ficam.

Do que não se esquece

1

No primeiro dia da escola, todas se sentaram na grande mesa do refeitório para comerem o pão com molho, acompanhado de leite, que a servente lentamente deixava à frente de cada menina. Zenóbia, num relance, lembrou-se do que lhe dissera sua mãe sobre as alegrias da primeira refeição longe da família. Lembrou-se ainda de Elisa, sua tia, que já lhe falara das delícias de um sanduíche vermelho por dentro e sem recheio. Naquele tempo, ela não tinha receio de experimentar o diferente. E fez daquele recreio um de seus mais raros momentos, o fundamento menos cruel de todos os seus silêncios.

O livro de Zenóbia

2

Eles seguiram em direção ao trem. O menino carregava um vaso de bromélia. O pai, a mala escura de alça vermelha. Ambos olharam Zenóbia mais uma vez, em um movimento oblíquo de ombros e cabeças, antes de sumirem no barulho da estação. O menino vestia uma blusa cinza-claro, respingada de açafrão. O pai, uma camisa branca de listras azuis. *O azul é tão poderoso* – Zenóbia pensou com os olhos. *Sobretudo o azul inesperado de um voo sem volta* – acrescentou num relance, quando já não via mais os dois. Ela não sabia que um deles morreria vinte e duas horas depois.

3

Todas as suas ordens são, em verdade, súplicas secretas – avaliou Zenóbia. E era isso mesmo o que acontecia: sua avó sempre exigia as coisas porque o que de fato queria não sabia pedir. Sua rudeza era, às vezes, meio fingida, uma força simulada de quem por dentro é quebradiça. Disso a neta tinha quase certeza, mas não externava nada para não se pôr em risco. Na divisa entre o aparente e o escondido, havia sempre a sombra do perigo. Sua avó não admitiria nunca revelar ao mundo o antídoto de sua própria insídia.

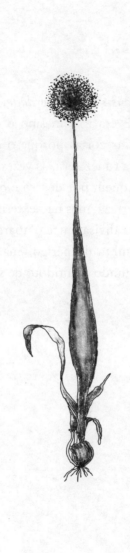

4

Dê-me uma noite clara, mas sem lua – Zenóbia pediu ao pai. De fato, buscava uma noite em que não pudesse saber mais das coisas, em que esquecesse todos os nomes e todas as cores das flores de sua antiga casa. Não queria mais a dor da vasta memória, o pesar diante dos que ainda morreriam, o ríspido pensar sobre o que vivera ou não. E ele, então, levou-a até o rio. Lá, banhou-a três vezes, cortou alguns fios de seus cabelos e disse uma palavra que ela nunca mais ouviria ou leria em nenhum livro. Lívida, ela se sentou sobre uma pedra, olhou para a esquerda e viu que já não se lembrava de nada, de nenhuma aspereza.

As horas felizes

1

De suas duas tias Zenóbia sempre recebia dádivas quando menos esperava. Uma, a versada em frases e palavras, doou à sobrinha as metáforas mais divinas. A outra, afeita aos afetos duráveis, deu-lhe uma imagem de Santa Teresa d'Ávila. Com elas, Zenóbia sentia-se livre de entraves e aprendeu a criar sozinha suas próprias paisagens. Cada regalo que ganhava despertava-lhe o apelo da novidade. Ao ponto de chegar à claridade de falar um dia que, ao contrário do que muitos diziam, existir não é um plágio.

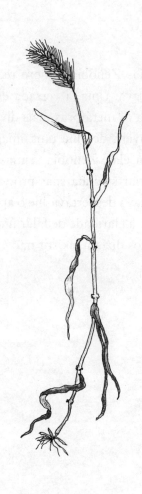

2

O esquecimento é mesmo o único perdão? – perguntou Zenóbia à sua mãe, quando esta lhe contou o caso triste de uma irmã. Era sempre assim nessas manhãs possíveis: as duas falavam dos abismos da casa e dos senões do dia, sem resíduos de aflição. Ou cogitavam sobre as coisas que lhes poderiam advir a qualquer hora, ou não. Eram seus instantes de afinidade sem dissídio, de afeto sem ficção. Cada uma com seu voo implícito, sua quase solidão.

O livro de Zenóbia

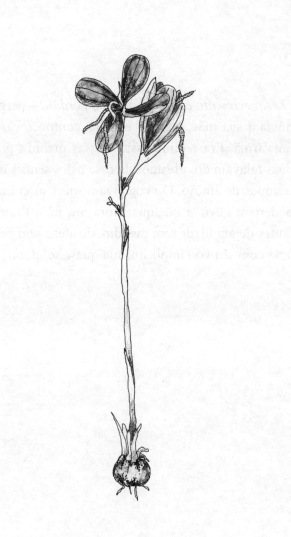

3

Zenóbia sempre quis ir à França. Em sua infância chegou a traçar cidades, entre elas Arles, em desenhos a lápis sobre folhas de papel almaço. Até que seu amado Amâncio deu-lhe a viagem como lembrança de aniversário, em março de 1974. De lá ela trouxe, além dos ares, a memória das tardes nos parques e os traços das fachadas claras dos prédios e das casas. Em Arles, viu dois gatos numa escada. Brincavam de nada. Até que a encararam, como se lhe perguntassem: *que acaso move seus pássaros?*

4

Em muitas noites era assim: ela já estava quase dormindo quando ele vinha passar a língua em sua nuca, de mansinho. Zenóbia abria os olhos, contraindo o corpo em arrepio. E nada dizia, por saber que é no silêncio que as coisas se abandonam, livres. Enroscava-se nas coxas dele, com um clamor na virilha, o corpo inteiro tremendo em calor, como se sentisse frio. A cada centímetro de pele buscavam – em lascívia – a vida sob a superfície. E tudo acontecia como se o amor fosse sempre à primeira vista.

ANEXO

Ervas daninhas

Malva . Poaia-da-praia . Capim-marmelada . Trapoeraba . Falsa-serralha . Mostarda . Braquiária . Samambaia . Aveia . Capituva . Canevão . Esparguta . Buva . Capim-gordura . Aleluia . Cana-de-açúcar . Buva-voadeira . Grama-touceira . Carrapicho-rasteiro . Picão-fazendeiro . Leiteira . Barba-de-São-Pedro . Erva-formigueira . Capim-capeta . Carrapicho-de-carneiro . Arroz-vermelho . Caruru-verde . Cordão-de-freira . Trevo azedo . Maria-preta . Lanceta . Bredo . Capim-tapete . Grama-seda . Quebra-pedra . Capim-do-brejo . Beldroega . Alfinetes-da-terra . Pega-pega . Perpétua . Macela . Macelinha . Marianinha . Catirina . Ançarinha . Erva-andorinha . Vassourinha . Capim-pé-de-galinha . Junquinho . Capim-cevadinha . Barbudinho . Capim-coqueirinho . Angiquinho . Capim-coloninho . Couve-cravinha . Caruru-de-espinho . Capim-carrapicho . Erva-de-bicho . Nabiça . Capim-oferecido . Trigo . Urtiga . Capim-favorito . Grama-comprida . Picão-grande . Almeirão-do-campo . Capim-santo . Caruru-de-mancha . Erva-quente . Cravo-de-defunto . Mastruço . Cicuta . Mentruz . Manubre . Guanxuma . Flor-roxa . Maria-gorda . Capim-mimoso . Capim-rabo-de-raposa . Sorgo . Erva-moura . Fedegoso. Corda-de-viola . Capim-amargoso . Joio . Apaga-fogo .

O livro de Zenóbia

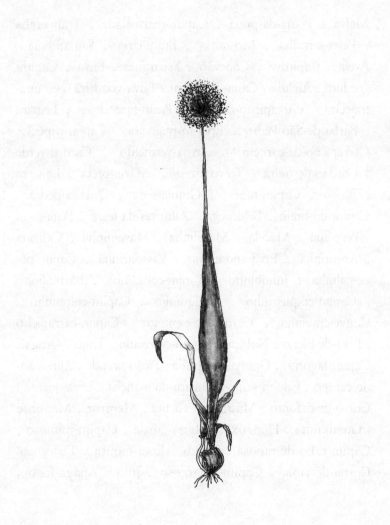

Peixes perplexos

Lambari . Apaiari . Surubi . Ituí . Cangati . Tambaqui .
Mandi . Manduvi . Parati . Piquira . Tuvira . Guaivira .
Tira-vira . Trilha . Traíra . Piranha . Caranha . Tabarana .
Aruanã . Verdemã . Curimã . Curimatã . Matrinchã .
Saicanga . Castanha . Melância . Celacanto . Saia-branca .
Maromba . Ubarana . Pampo . Coroma . Cororoca .
Barbatana . Milonga . Cação-anjo . Congrio-rosa . Remora
. Cioba . Raia-viola . Corvina . Albacora . Maria-mole .
Abrótea . Tilápia . Marmota . Jurupoca . Garoupa . Cangoa
. Anchova . Raposa . Pargo-rosa . Labiosa . Sargo . Carpa .
Cabra . Pescada . Enxada . Enchova . Espada . Gaiado .
Namorado . Robalo . Linguado . Bordalo . Peixe-gato .
Abotoado . Bonito-listrado . Galo-de-penacho . Xixarro .
Cachorra . Cachara . Bacho . Marracho . Bagre . Arraia .
Rape . Espadarte . Piava . Pacu-peva . Prego . Vieira . Viúva .
Piracanjuba . Truta . Dentudo . Peixe-lua . Cascudo . Badejo
. Manjuba . Galhudo . Merluza . Agulha . Agulhão-vela .
Salmão . Peixe Leão . Peixe-dragão . Tarpão . Olho-de-cão .
Cação-anequim . Marlim . Camurim . Carpa-capim . Atum .
Muçum . Chum-chum . Piraúna . Tainha . Ciobinha . Sardinha
. Cabrinha . Cabrilia . Joaninha . Mocinha . Ratinho .
Violinha . Bananinha . Camboatá . Peroá . Marimbá
. Cará . Crumatá . Mangangá . Jaguricá . Jundiá . Sauá .
Acará-açu . Biru . Paru . Pirarucu . Baiacu . Pacu . Agulhão-azul .
Bacalhau . Béu . Xaréu . Mongrel . Miolo-de-caracol . Piau .

O livro de Zenóbia

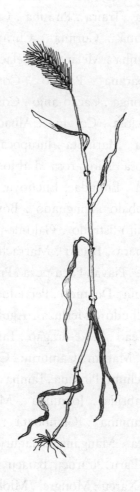

Cidades raras

Bizarra . Mostardas . Ervália . Palmácia . Graça . Camacho .
Lagarto . Selvíria . Abaíra . Sombrio . Tigrinhos . Cromínia .
Ladainha . Alegria . Arroio do Tigre . Treze Tílias . Carolina .
Ressaquinha . Lamim . Alecrim . Dois Vizinhos . Brejinho .
Breu Branco . Encanto . Fulminante . Mossâmedes . Alhandra
. Holambra . Diorama . Abadiânia . Solânea . Orizânia .
Loanda . Piranhas . Turvânia . Miravânia . Mar de Espanha .
Altônia . Novilhona . Faina . Rifaina . Cipotânea . Açucena .
Madalena . Querência . Inocência . Pendências . Canafístula
. Não-me-toque . Icó . Boçoroca . Barra do Choça . Orobó .
Junco do Seridó . Esplendor . Vila Flor . Talismã . Olho
d'água das Cunhãs . Tuntum . Tarumã . Mutum . Cafarnaum .
Exu . Cordisburgo . Turvo . Uruçuca . Agudo . Urucuia .
Fartura . Planura . Grossos . Jampruca . Venturosa .
Amargosa . Crisolita . Maravilha . Maravilhas . Catiara .
Bom Jesus do Galho . Luminárias . Lábrea . Marliéria .
Corbélia . Areado . Lastro . Combinado . Segredo . Sarzedo
. Erval Seco . Pureza . Ortigueira . Sem-Peixe . Coxixola .
Curiúva . Garuva . Sabáudia . Roção da Várzea . Varjão .
Solidão . Mansidão . Regeneração . Redenção do Gurguéia .
Edeia . Zortéa . Matureia . Ataleia . Trezidela do Vale .
Venha-Ver . Benzoê . Poté . Arapoti . Vila dos Martírios .
Sorriso . Ciríaco . Carrasco Bonito . Arroios . São Crispim
da Moita . Sonora . Olho d'água do Borges . Entre-folhas .

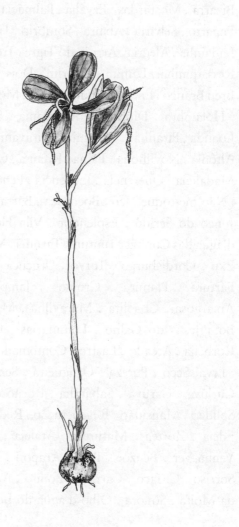

Temperos e ervas de cheiro

Salsinha . Cebolinha . Cominho . Rosmaninho . Cavalinha . Garcínia . Ervas Finas . Capuchinha . Azedinha . Azevim . Absinto . Alecrim . Benjoim . Jasmim . Gergelim . Tomilho . Baunilha . Alho . Anis . Raiz-de-Regaliz . Mirra . Macis . Curry . Patchuli . Tília . Mirtilo . Camomila . Alcaravia . Artemísia . Arnica . Gengibre . Melissa . Massala . Páprica . Alfavaca . Arruda . Noz-moscada . Sálvia . Mostarda . Açafrão-do-prado . Flor-de-borago . Alcaparra . Alho-Poró . Alcaçuz . Jambu . Eruca . Urucum . Endro . Sumagre . Zimbro . Coentro . Calêndula . Coriandra . Funcho . Alfazema . Hortelã . Pimenta-do-reino . Menta . Pimenta-caiena . Verbena . Valeriana . Erva-picante . Casca-de-laranja . Sementes-de-papoula . Louro . Cebola . Aipo . Cerefólio . Hissopo. Erva-doce . Erva-flor . Alcachofra . Poejo . Mil-folhas . Pimenta-de-cheiro . Sabugueiro . Feno-grego . Carqueja . Malagueta . Amor-perfeito . Levístico . Hibisco . Sândalo . Sésamo . Angélica . Orégano . Canela . Citronela . Cravo . Sigurelha . Guiné . Cardamomo . Cúrcuma . Manjerona . Manjericão . Cidrão . Açafrão . Estragão . Boldo . Pimentão . Basilicão . Capim-limão .

O livro de Zenóbia

Aves em perigo

Rolinha-do-planalto . Jacu-estalo. João-de-barro. Fura-mato . Mutum-de-penacho . Pica-pau-anão-dourado . Gavião-pato . Olho-de-fogo-rendado . Cara-dourada . Acrobata . Saíra-apunhalada . Rabo-de-palha . Socó-jararaca . Pardela-de-asa-larga . Cara-pintada . Lavadeira-da-mata . Papa-taoca . Jaó Codorna . Chororó-didi . Mutum-piry . Araçari . Pararu . Arara azul . Fura-buxo-de-capuz . Jacuaçu . Virussu . Jaó-do-sul . Inhambu . Udu-de-coroa-azul . Tovacuçu . Arapaçu-pardo-do-Xingu . Pichochó . Maçarico-esquimó . Mutum-etê . Tietê . Anumará . Crejoá . Anambé . Inhambú-carapé . Chauá . Sabiá-pimenta . Águia-cinzenta . Saíra-de-lenço . Maria-catarinense . Maria-da-restinga . Araponga . Flamingo . Jacutinga . Sanã-cinza . Mutum-pinima . Rabo-de-espinho. Anambezinho . Tesourinha . Rabudinho . Coroinha . Soldadinho . Bicudinho-do-brejo . Junqueiro-de-bico-reto . Papagaio-da-serra . Pica-pau-de-cara-amarela . Tricolino-canela. Falcão-de-peito-vermelho . Gaivota-de-rabo-preto . Bacurau-de-rabo-branco.Sabiá-castanho.Tico-tico-do-campo. Pintassilgo-baiano . Caminheiro-grande . Patinho-gigante . Juruviara-de-noronha . Albatroz-de-sobrancelha . Cigarra-verdadeira . Beija-flor violeta . Jacamim-de-costas-verdes . Lenheiro . Albatroz-viajeiro . Violeiro . Formigueiro-de-cauda-ruiva . Ararajuba . Pararu-mãe-da-lua . Macuco . Cocoruta . Cara-suja . Caboclinho-do-sertão . Perdigão . Papagaio-charão . Chanchão . Cagão . Pato-mergulhão . Gavião . Albatroz-de-Tristão . Pavão-papa-capim . Anambé-mirim . Flautim .

O livro de Zenóbia

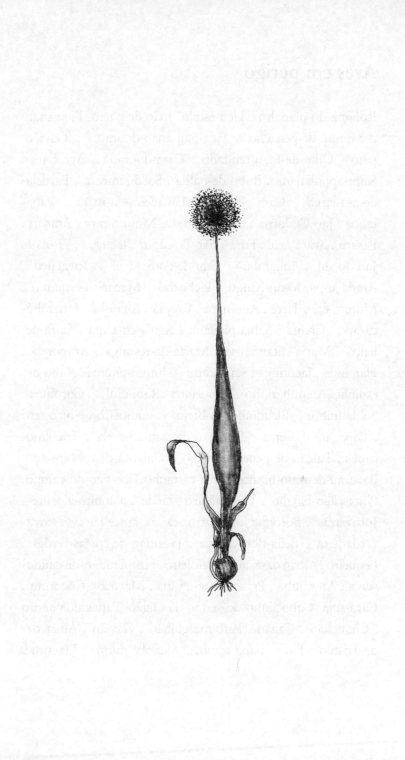

Orquídeas e bromélias

Laelia purpurata . Acacallis fimbriata . Quesnelia marmorata . Aspasia lunata . Alcantarea geniculata . Masdevallia infracta . Neoregelia compacta . Pleurothallis sulcata . Trizeuxis falcata . Guzmania lingulata . Lycaste ciliata . Pelexia maculata . Vriesea incurvata . Bollea violacea . Limnocharis flava . Vriesea atra . Pelexia parva . Pleurothallis marginalis . Alcantarea imperialis . Isabelia virginalis . Brassavola flagellaris . Saundersia mirabilis . Aechmea gracilis . Sobralia sessilis . Cleistes exilis . Grobya fascifera . Constantia cipoensis . Quesnelia arvensis . Bulbophyllum teresensis . Aechmea marauensis . Polystachya estrellensis . Neoregelia cruenta . Sarcoglottis sancta . Nymphaea ampla . Aechmea Distichantha . Ludwigia elegans . Bromelia balansae . Capanemia thereziae . Tillandsia grazielae . Pleurothallis funera . Vriesea procera . Polystachya concreta . Stelis modesta . Notylia inversa . Dyckia retroflexa . Otostylis lepida . Wittrockia superba . Capanemia superflua . Erythrina speciosa . Liparis nervosa . Pabstia jugosa . Sarcoglottis umbrosa . Gomesa recurva . Rodriguezia venusta . Octomeria robusta . Habenaria obtusa . Vanilla dubia . Epistephium lucidum . Encyclia sculptum . Encholirium horridum . Epidendrum nocturnum . Nidularium rosulatum . Bulbophyllum nemorosum . Gongora bufonia . Galeandra montana . Pelexia hillariana . Paphinia lindeaniana . Billbergia amoena . Pseudolaelia citrina . Mormodes tigrina . Billbergia zebrina . Bifrenaria vitellina . Stelis tristyla . Tillandsia stricta . Triphora pusila . Lophiaris pumila . Dichaea bryophyla . Stelis drosophila . Eulophia longifolia . Catopsis sessiliflora .

O livro de Zenóbia

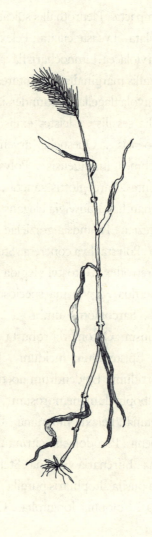

Palavras preferidas

Oblívio . Oblíquo . Óbvio . Vestígio . Lascívia . Malícia . Lúbrico . Rúcula . Delírio . Dissídio . Visgo . Insídia . Volúpia . Fluxo . Martírio . Sumo . Estame . Esquivo . Turvo . Húmus . Cardume . Lume . Poema . Sereno . Arrimo . Vinho . Restinga . Urina . Clavícula . Neblina . Colina . Limo . Lamparina . Aleluia . Cuia . Conluio . Lua . Pupila . Matilha . Entulho . Fagulha . Cascalho . Olho . Fornalha . Gralha . Magma . Lábia . Cigarra . Água . Lágrima . Acre . Vinagre . Catre . Cilada . Ária . Milagre . Margem . Ferrugem . Página . Fuligem . Várzea . Vertigem . Trama . Liame . Aura . Inhame . Antro . Arame . Lenha . Exangue . Estanho . Sombra . Insone . Ombro . Esconso . Anjo . Tijolo . Tosco . Caviloso . Lodo . Trôpego . Osso . Sopro . Insosso . Ócio . Insólito . Fóssil . Cio . Vício . Litígio . Presságio . Pássaro . Pacto . Cacto . Rapto . Lapso . Laço . Espesso . Físsil . Avesso . Sépia . Seiva . Pelo . Teia . Pejo . Pedra . Tela . Favela . Bétula . Libélula . Livro . Granizo . Ruído . Trívio . Raiz . Triz . Cicatriz . Cripta . Eclipse . Estria . Enigma . Argila . Enguia . Grafia . Treliça . Traço . Escasso . Lastro . Lapso . Lápis-lazúli . Azul . Azinhavre . Asa . Ácaro . Ária . Coivara . Areia . Arara . Dádiva . Cítara . Tigre . Elipse . Cabra . Pálpebra . Letra . Êxtase . Palavra .

O livro de Zenóbia

Livros de cabeceira

Ave, palavra . Rubaiyat . A paixão segundo GH . Arte de amar . Temor e tremor . Estudos sobre o amor . Moradas do castelo interior . Os cantos de Maldoror . Diário de um sedutor . As mil e uma noites . Dom Quixote . Os hinos à noite . Claro enigma . Antígona . Etimologias . Laços de família . Zadig . Triz . Scivias . As cidades invisíveis . Luto e melancolia . I-Ching . Crime e castigo . As elegias de Duíno . Contos do vampiro . O arco e a lira . Eu . Invenção de Orfeu . Extinção. O apocalipse de São João . Poemas de amor e discrição . Cem anos de solidão . As tentações de Santo Antão . Exercícios de admiração . Grande sertão: veredas . Vidas secas . O banquete . O livro de cabeceira . O livro de areia . O vermelho e o negro . Educação pela pedra . Fedro . Do céu e do inferno . Eclesiastes . A história das minhas calamidades . A metamorfose . Mensagem . Libertinagem . Legenda áurea . Fausto . As flores do mal . História natural . História dos animais . Apicius culinarius . O livro dos seres imaginários . Os demônios . A arte da sabedoria mundana . Desonra . Iracema . Humano, demasiadamente humano . Ramayana . Cântico dos cânticos . Sagarana . O guardador de rebanhos . Contos da chuva e da lua. Vaga música . Dom Casmurro . Os anéis de Saturno. O livro da honesta volúpia . Elogio da loucura .

O livro de Zenóbia

Notas

1. Zenóbia nasceu na Fazenda Palmyra, nos arredores de Patos de Minas, em 25 de março de 1922. Mudou-se para a cidade aos três anos de idade, ali permanecendo até por volta de 1940. Morou em Belo Horizonte, onde se tornou bióloga, com especialização em Botânica. Ao voltar para sua cidade natal, passou a se dedicar ao cultivo de ervas medicinais. Iniciou-se na escrita literária ainda na adolescência. Dizem que escreveu três livros de poemas, dois romances, uma coletânea de vinte contos curtos, duas biografias de santas e uma pequena enciclopédia de animais e plantas. Quase todos inéditos.

2. A primeira edição de *O livro de Zenóbia* foi publicada em 2004, pela editora Lamparina, Rio de Janeiro.

3. A seção intitulada "Do que não se esquece" é uma adaptação dos contos incluídos na primeira edição.

4. As listas que compõem *Dos cadernos de Zenóbia* foram publicadas, originalmente, na primeira edição de *O livro de Zenóbia*, como anexos.

Triz

e outros poemas

Ao meu pai,
por quem este instante sobrevive.

A José Olympio e Ricardo,
como sempre.

triz
1. Us. na loc. adv. *por um triz*. [Cf. tris.]

Por um triz.
1. Por um pouco; por pouco, por um tudo-nada, por um és-não-és, por um fio, por um fio de cabelo, por um ápice, por uma linha.
2. Com grande custo; milagrosamente.

(*Dicionário Aurélio*)

*On ne retire pas sa confiance
aux mots, ni on n'attente à
leur sécurité, sans avoir un
pied dans l'abîme. Leur néant
procède du nôtre.*

E.M. Cioran

*A vida oblíqua? Bem sei que
há um desencontro leve entre
as coisas, elas quase se chocam,
há desencontro entre os seres
que se perdem uns aos outros
entre palavras que quase não
dizem mais nada.*

Clarice Lispector

Ofício

Escrever

a água

da palavra mar

o voo

da palavra ave

o rio

da palavra margem

o olho

da palavra imagem

o oco

da palavra nada.

I
Liturgia

Noturno

a T. S. Eliot

O dia é noite no poema:
Sombras, pedras, luas secas
encobrem a estação das flores.
Sobre o deserto
memory and desire
ainda restam:
ecos entre as cinzas
deste verso.

Will it bloom this year?

Na terra triste do poema
enterro o fim e o infinito:
me faço silêncio, eclipse.

Desterro

Desabitado o corpo
resta a sombra
do anjo sem nome

O reino do longe
é aqui: na terra
insone, onde a pedra
consome a falsa raiz.

Paisagem com frutas

Duas peras sobre a mesa
esperam a tua fome.
O dia é verde
e o vento tem cores provisórias.

Sobre o muro
um pássaro mudo
de olhar escuro
perscruta a tua sombra.

Ele sabe
que ninguém sabe
em que azul
ocultas
teu absurdo.

Aula de desenho

Estou lá onde me invento e me faço:
De giz é meu traço. De aço, o papel.
Esboço uma face a régua e compasso:
É falsa. Desfaço o que fiz.
Retraço o retrato. Evoco o abstrato
Faço da sombra minha raiz.
Farta de mim, afasto-me
e constato: na arte ou na vida,
em carne, osso, lápis ou giz
onde estou não é sempre
e o que sou é por um triz.

Eclipse

A lua desliza
sob as sombras
do sol
      que não há:

luz de escuros
véu para o olhar
que não vê
          senão
a cor lilás
da noite
        que reluz
      num verso
         de Éluard.

Cantiga

Leonor voltou à fonte
Já sem viço, mais madura
olhos lassos, laços soltos
descalça pela verdura:
foi buscar sua formosura
que em tempos memoriais
deixou guardada na fonte
talvez para nunca mais.

Impasse

quando
o silêncio
assombra
a palavra
que pensei
não sei
se insisto
em dizer
o perdido
ou se hesito
ante o risco
de me perder
outra vez.

Mallarmé ao acaso

De um infinito azul
a serena ironia:

     cerração de sono

farrapo noturno
em minha alma vazia.

Tédio, bruma
Desmemória:

     O céu é morto.
     Em vão.

Do nada escuro
O Azul triunfa:

O Azul   O Azul
    O Azul
       O Azul

II
Onde o outro

Trama

Não há cena previsível
para o amor
que se reserva
ou se arrisca
em solidão:

habitar o não sabido
o sem-nome do sigilo
é a sina dos que inventam
– entre sombras
   e intervalos –
a paixão.

Amor

na véspera de ti
eu era pouca
         e sem
sintaxe
eu era um quase
      uma parte
 sem outra
      um hiato
de mim.

No agora de ti
      aconteço
tecida em ponto
      cheio
um texto
com entrelinhas
      e recheio:

um preciso corpo
      um bastante sim.

Manuseio

Tépidas
essas mãos
que divagam
devagar
por meus relevos
óbvios
e demoram
fundo
no obscuro
ponto
onde o corpo
se abisma
e silencia,
absurdo.

Triz e outros poemas

Elegia

Há um vestígio mineral
na sua ausência: algo
que sem estar ainda
fica: fatia de cristal

que não se vê e brilha:
solidez em transparência
elegância de pedra, luz
do que é perda e não.

Há um vestígio musical
na sua ausência: algo
que é sigilo e ressonância:

sintonia de cristais
sílabas de sim no
silêncio do som e do aqui.

A voz e o espelho
(sobre um paradoxo de Octavio Paz)

Tu presencia me deshabita:

saio a esmo
sem medida do mesmo
no ermo de mim:
faço-me diversa
convexo-me em ti

no reverso
onde me perco
revejo-me, reescrita
e recomeço, inversa
embora a mesma

mas ao medir-me
não mais te vejo
e no instante
do espelho finito
reflito:

Tu ausencia me habita.

Triz e outros poemas

Setembro

Lá onde não sei estás.
Sigo teu rastro sobre a terra,
teu voo sem asa, tua sombra
sem idade: em vão. O tempo
retém-me a pressa e o passo,
o acaso me afasta do encalço
que tracei. Onde o espaço?

A noite passa, intacta
sobre meu coração.

Pacto

Daquele que amo
quero o nome, a fome
e a memória. Quero
o agora. O dentro e o fora,
o passado e o futuro.
Quero tudo: o que falta
e o que sobra
o óbvio e o absurdo.

III
Ponto de fuga

CONSTELAÇÃO

PARA ONDE FORES, PAI, PARA ONDE FORES.
MEU PAI, AH QUE ME ESMAGA A SENSAÇÃO DO NADA!
– JÁ SEI, MINHA FILHA... É ATAVISMO. E ELA RELUZIA
COM AS MIL CINTILAÇÕES DO ÊXITO INTACTO.
PAPAI, ME COMPRA A BIBLIOTECA INTERNACIONAL DE OBRAS
CÉLEBRES. CORTA ELE, PAI. O PAI CORTA O CACHO
E DISTRIBUI PARA TODOS. MEU PAI MONTAVA A
CAVALO, IA PARA O CAMPO. *A FAZENDA DE MEU PAI
NUNCA HOUVE.* **TUVE UN SUEÑO RECURRENTE
EN EL QUE, DE PERFIL, FRENTE A FRENTE,
MI PADRE Y YO MOVÍAMOS LA BOCA COMO
PECES, EN SILENCIO.** *QUE É DA PALAVRA, PAI?*
MEU PAI ME ESPERA NA VARANDA AMENA. NOSSO PAI
NÃO VOLTOU. ELE NÃO TINHA IDO A NENHUMA
PARTE. ***MEU PAI NESSA HORA JUNTO A
MIM MORRIA.*** PODRE, MEU PAI! GRAFITO NA
PEDRA DE MEU PAI: **AMO MEU PAI NA ATÔMICA
DESORDEM.** SEÑOR, SI TU HUBIESES CONOCIDO A MI
PADRE LO HABRÍAS AMADO IGUAL QUE YO. OS OLHOS DE
MEU PAI SABIAM. ***MEU PAI, ESTE É UM TEMPO
DE TREVA.*** **OS ÓCULOS, MEU PAI, DÊ-ME
OS ÓCULOS.** *NAS FORMAS DA FILHA O PAI.* EN EL
ÉTER, CONSTELADO, MI PADRE APARECE POR SU
CARA. PAI, ASSIM SOMOS TOCADOS PARA SEMPRE.

Triz e outros poemas

Do coração do pai

O coração do pai   fala

O coração do pai   falha

O coração do pai   cala

O coração do pai   para

O coração do pai   passa

a limpo o coração

da filha   que fala

                  por um fio.

Triz e outros poemas

O coração d

⊥

DI

DII

DIII

MEDICOR   Nr. 735005004

Pat II

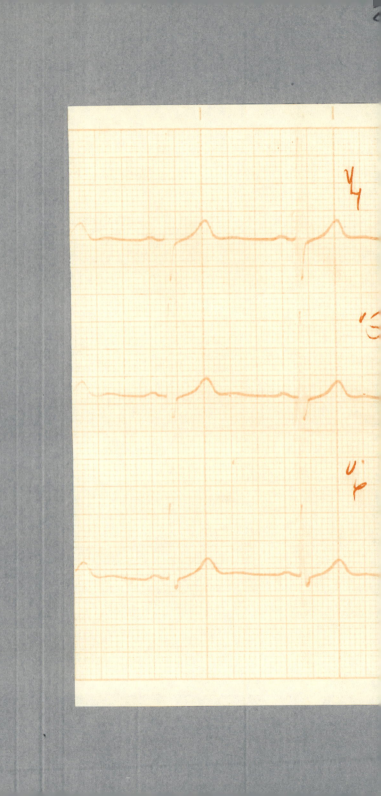

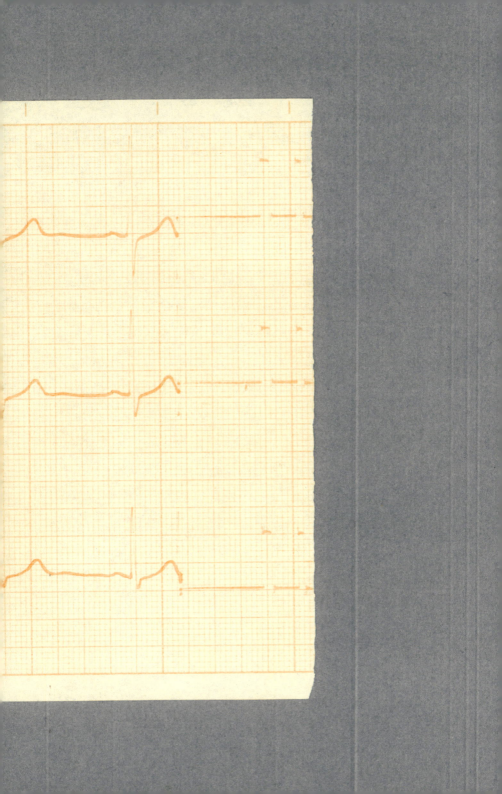

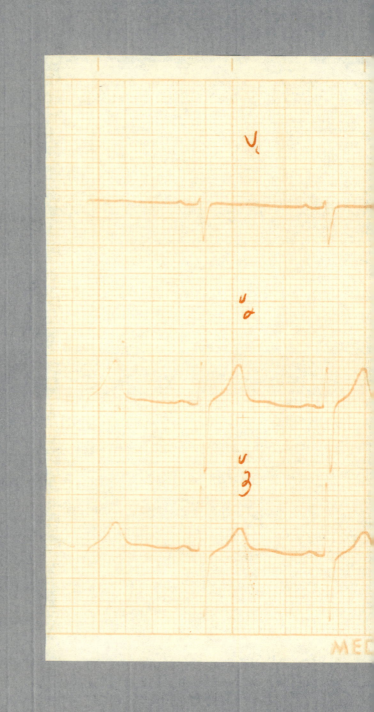

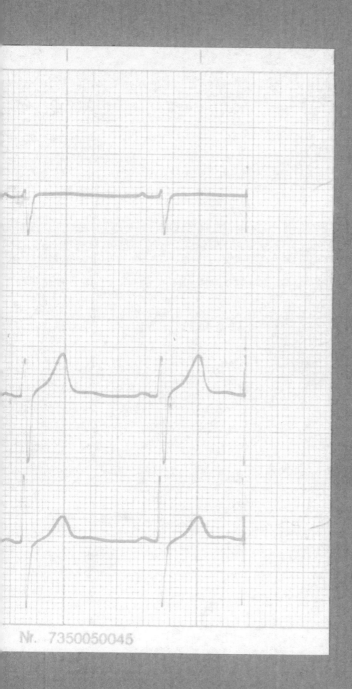

Nr. 7350050045

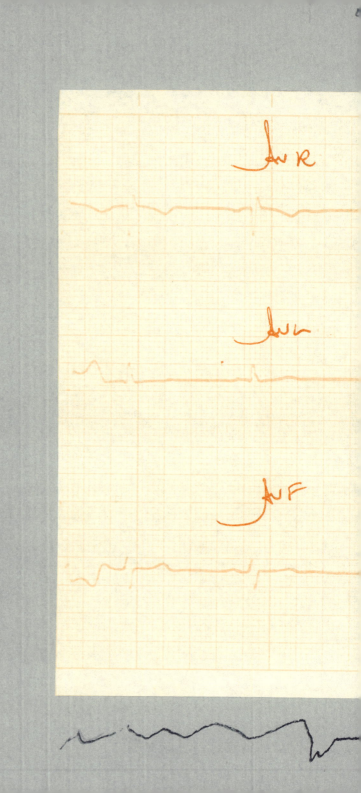

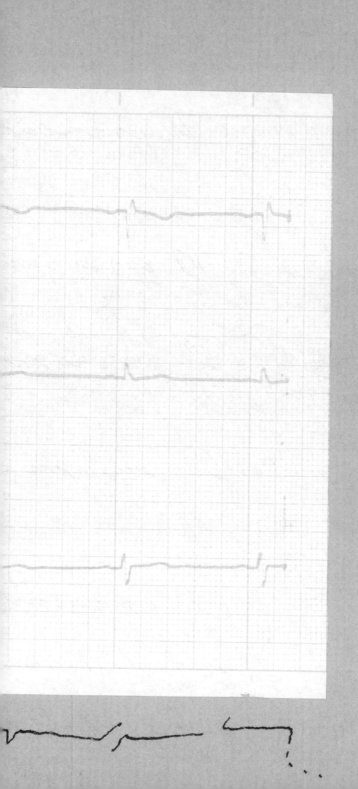

O coração

O coração

O coração

ÁFICOS DARÚ S/A INDUSTRIA BRASILEIRA | ECG 110

O coração

O coração

a limpo

da filh

pai fala

pai fatha

pai cala

pai pára

pai passa

coração

que fala

por ma fio

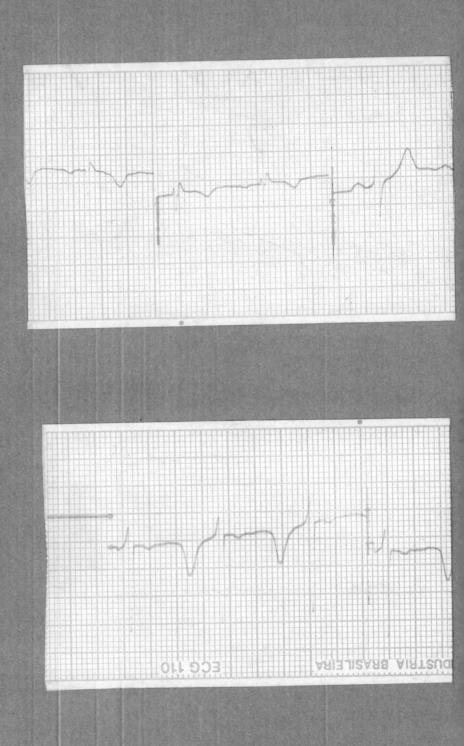

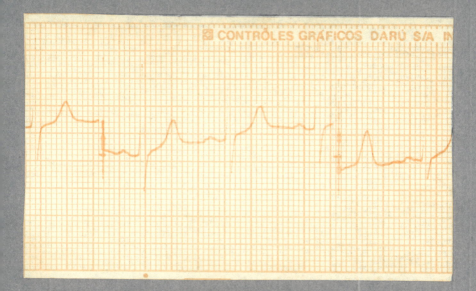

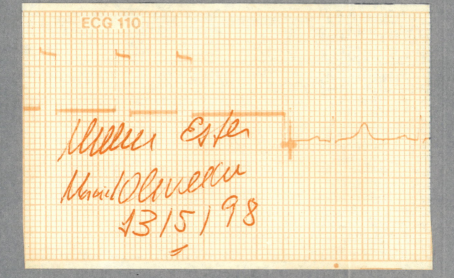

Miller Ester
Maril Olivella
13/5/98

o coração o

o coração d

o coração d

o coração do

o coração da

a limpo o

da filh

(falha?).

pai pala

vai palha

ai cala

ai pára

ai pana

oração

que pala

ou mu po

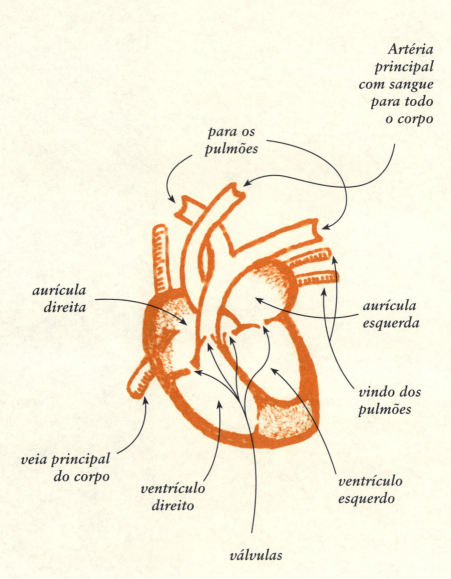

IV
A vida oblíqua

Koan

Entre as coisas que voam
e as coisas que ficam
voo e fico.

Triz e outros poemas

Flashes

1

É noite, mas não sei a hora:
entre mim e o aqui-agora,
a sombra e suas sobras.

2

Na noite incerta
da memória
meus mortos voltam:

ausências luminosas
imagens fátuas
de minha história.

Herança

De Maria
a voz sem eloquência
os cabelos longos
a origem sem começo
a cor

De Esther
o fio das palavras
os olhos míopes
a história sem desfecho
a dor

Réplica

para Laís

Quanto ao meu resumo
não é fácil constatá-lo.
O que somos da vida:

    talo ou sumo?

Contrato

Sombras que conheço:

Confio a vós
o meu excesso
o nome avesso
que me empresto
a imagem vária
que me dei.

Viajo ao longe
do que sou, além
do meu espanto

Levo a face
Deixo o espelho
e seu reflexo

Em vosso rosto
deposito
o meu assombro.

Triz e outros poemas

Pathos

Minha cidade
é onde não estou:
é lá e aqui -
onde vive minha sombra
onde jaz minha raiz.

Litania

Dê-me o esquecimento, meu pai.
Dê-me uma noite sem sombra
ou sobressalto, um sono inteiro
um instante sem rumor.
Dê-me teu silêncio, meu pai.
A solidez das pedras, o rigor das coisas
a solidão sem dor.

Memória
(à maneira de Octavio Paz)

Lo que no pudo ser:
es lo que fue.
Y lo que no fue
está muerto.

Véspera

O que falta
para viajar:

tirar a venda
e o olho
levar o olhar

Desvio

É sina do meu nome
deslizar conforme
o tempo e o não-lugar:

sem ponto certo
oscilar, errante
entre o final
  e o reticente
confundir vogal
  e consoante

beber na fonte
a palavra
que não há.

V
Longe, aqui

Oráculo

> "O trovão no meio do lago:
> a imagem do seguir."
> *I-Ching*

Os velhos princípios
precipitam-se
no fogo do trovão:

o lago remove ciscos
de seu ciclo
e o forte avança
com sua lança de morte

não há perigo:
os pelos também
mudam de estação.

Aula

Aprendizagem
    da flecha:

    no *flash* da alma
    o alcance do alvo

    em voo branco
    de silêncio
e calma.

O guardião da amada morta

Ali,
às margens do Kālindī
onde ramagens
desalinham
ondulações
da água
límpida
jaz
  sem lápide
a bela Mandavarati.

Sobre os despojos
o jovem esposo
  (ainda ilágrime)
fez seu leito
de folhagens
à espreita
do impossível
  milagre.

Triz e outros poemas

De como a princesa Somaprabhā respondeu ao rei, seu pai, mediante os três pretendentes

– Entre um herói, um mágico
e um artista
prefiro o que faça o imprevisível,
o delicado no amor
perverso na sutileza
que saiba a mágica, a arte
e a conquista
sem que seja três
ou um de cada vez.

A princesa Ateh no espelho

"Segundo a lenda, todas as manhãs
ela apanhava o espelho para se retratar"
Milorad Pávitch em O *dicionário Kazar*

Cintilâncias de um rosto

sempre outro ao amanhecer:

traços, fissuras, falácias

num jogo diário de perfis.

Desfile de olhos, trejeitos,

sombras e batons:

exercícios de imagem

para a vertigem

sem volta

    de quem vê.

Triz e outros poemas

VI
Pequenos usos para a dor

(outros poemas, 1990-2001)

Até a dor
já tem palavras certas
expressão pequena
seja ou não seja breve

Fiama Hasse Paes Brandão

Plano de voo

Trazer para o papel
o céu de todos os invernos
as horas ásperas
o sal desta pele após o sol
a morte em uma tarde com pássaros
o olhar em ponto de não

Triz e outros poemas

Blackheath

A poesia me chama entre as árvores
de folhas incompletas.
O vento é frio, apesar de terno.
Corvos mancham o azul sem peso
desta tarde que não começa.

O trem também me chama.
E não vou.

Regalia

Quando meu pai
voltava da roça
trazia, além da alegria
garrafas de leite cru.

Às vezes, cestas de ovos
mangas maduras
polvilho, açafrão em pó.

Trazia o cheiro das coisas
sem malícia. A memória
dos pastos.

O azul.

Triz e outros poemas

Resíduos

A chuva que vejo
pela vidraça
devolve-me o que da casa
e das coisas
     já não guardava:

o cheiro de mogno da sala
o gosto do chá de manga
     e canela
o silêncio dos chinelos
     sob a cama.

Insana
a memória que esquece
o que no corpo
     permanece
como chama.

Sobre um filme de Wong Kar-Way

O corpo e seus possíveis
O dentro que na pele
vira flor
Os cheiros, a memória
do que, de tão breve
    não fica
senão como sombra
    líquida
quase cítrica
    desse amor

Triz e outros poemas

Ao som de Chopin

Silêncios brancos sobre a sua sombra.
Um arrepio corre no meu rosto mudo.
Rumor de vento. Restos de momento.
À flor da pele, o corpo perde o rumo.

Sabe o olhar o que os olhos calam.
O longe é aqui. Sua voz é minha.
O eu que eu tinha já se foi no tempo.
Com quantas horas se faz um infinito?

Mapa

O corpo
em seus pontos obscuros:
a cicatriz, a mancha na pele,
o que raras vezes
    a roupa revela.

O corpo
em seus pontos absurdos:
o que o desejo
    no fundo
encerra.

Triz e outros poemas

Inventário

Os homens que amei
deixaram-me lenços, bonecas
de porcelana, livros, raros,
anjos de Klee, folhas de chá,
violetas em xaxim.
Deixaram-me sombras, crises, rosas secas,
palhas sem tabaco, tacos de sinuca,
lentes, cacos de cristal.
Deixaram-me versos, versículos,
vinhos, faz de conta,
sutilezas,
silêncios de papel.

Epitáfio

Viveu todas as horas

que não teve

e apesar da erva

que se alastra

sobre esta lápide

inconteste

sua morte é breve.

Réquiem para João

Quando João morreu
não havia solidão em seus olhos.
Sequer havia neles a sombra
dos que estão para morrer.

A lua já não passava pela noite
quando morreu João. Um pássaro
reteve o voo para não ver
o que só João viu na hora
do último clarão. Nada de espera

ou desespero. Nenhum presságio
ou pesadelo, apenas um calar
 súbito: um susto
             do coração.

Na hora do mundo

A chuva traz a solidão sem nome
deste agora. Longe, aqui, o terror e
suas sombras sobre a terra insone:
notícias do medo, zonas de escuro,
fome, desespero.

O anjo das palavras se esconde no
silêncio desta tarde que se estende
para além da sala. A sirene já não
toca, a tv também se cala e nada
mais (de novo?) acontece, além da
água.

Achados e perdidos

Lídia, quando menina, gostava de se sentar à beira do rio para ver os peixes esquivos. Dia após dia, neles via sempre a mesma vida, o mesmo desassossego, como se, para eles, repetir o movimento fosse uma espécie de estilo. Isso a surpreendia. *Por que aos peixes não era dado o fastio?* – perguntava-se em sigilo. Lídia, que ainda sente por eles um certo fascínio, hoje responderia dizendo que as coisas, por mais repetíveis, contêm, todas elas, um rio – subterrâneo ou de superfície. Ou seria um ritmo? Mas seja o que for, é isso que garante ao mesmo uma dose de imprevisto. Ou de viço. Aliás, toda a história de Lídia se resume de certa forma neste mínimo: por mais que ela busque a ordem dos peixes, algo a desvia.

Estalo

Um pássaro atravessa
a página, no lapso
deste tempo que me retém.

Em que palavra não estou?

Suma

Onde o poema

Entre o nervo e o osso

Entre o eco e o oco

Entre o mais e o pouco

Entre a sombra e o corpo

Entre a voz e o sopro

Entre o mesmo e o outro.

Notas

1. As duas primeiras edições de *Triz* foram publicadas, respectivamente, em 1998 e 1999, pela Orobó Edições.

2. O poema "Mallarmé ao acaso" é o recorte livre de uma tradução que Augusto de Campos fez do poema "L'Azur". Cf. CAMPOS, Augusto de; PIGNATARI, Décio; CAMPOS, Haroldo de. *Mallarmé*. São Paulo: Perspectiva, 1974, p. 41-43.

3. Os poemas "O guardião da amada morta" e "De como a princesa Somaprabha respondeu ao rei, seu pai, mediante os três pretendentes" são releituras de dois contos da tradição oral da Índia antiga, integrantes do livro *Contos do vampiro*, de autor anônimo.

4. O poema "Do pai" é uma montagem de fragmentos extraídos dos escritos de vários autores, a saber: Augusto dos Anjos, Carlos Drummond de Andrade, Eduardo Milán, Fernando Pessoa, Guimarães Rosa, Hilda Hilst, Manuel Bandeira, Maria Esther Maciel, Murilo Mendes e Raúl Zurita.

5. O poema "Achados e perdidos" foi o ponto de partida para a escrita do romance *O livro dos nomes* (Companhia das Letras, 2008).

SOBRE A AUTORA

Maria Esther Maciel nasceu em Patos de Minas, em 1963. Vive em Belo Horizonte desde 1981. Além de escritora, é professora de literatura e crítica literária. Publicou 17 livros de poesia, ficção, crônica e ensaio, dentre os quais destacam-se *O livro de Zenóbia* (Lamparina, 2004, semifinalista do Prêmio Portugal Telecom de Literatura); *A memória das coisas* – ensaios de literatura, cinema e artes plásticas (Lamparina, 2004, finalista do Prêmio Jabuti); *O livro dos nomes* (Companhia das Letras, 2008, menção especial no Prêmio Casa de las Américas, finalista dos prêmios São Paulo de Literatura, Jabuti e Portugal Telecom de Literatura em Língua Portuguesa); *A vida ao redor* – crônicas (Scriptum, 2014, semifinalista do Prêmio Oceanos) e *Literatura e animalidade* (Civilização Brasileira, 2016). Tem textos publicados em vários jornais, revistas e antologias brasileiras e estrangeiras. É colaboradora da *Folha de S.Paulo* e edita, com outros escritores, a revista literária *Olympio*.

CATALOGAÇÃO NA PUBLICAÇÃO (CIP)

M152   Maciel, Maria Esther, 1963-
Longe, aqui. Poesia incompleta 1998-2019 / Maria
Esther Maciel. 1.ed. - Belo Horizonte : Quixote+Do Editoras
Associadas, Tlön Edições, 2020.
320 p.

ISBN 978-85-66256-70-3

1. Poesia brasileira. 2. Ensaios brasileiros. I. Título.

CDD: B869.1

BIBLIOTECÁRIA RESPONSÁVEL Fernanda Gomes De Souza CRB-6/2472

Longe, aqui. Poesia incompleta 1998–2019
© Maria Esther Maciel, 2020
© Tlon Edições, 2020
© Quixote+Do Editoras Associadas, 2020

EDITORES	Alencar Perdigão e Cláudia Masini
PRODUÇÃO EDITORIAL	Luciana Tanure
ASSISTENTE	Sofia Rossi
REVISÃO	Luiz Morando
PROJETO GRÁFICO	Daniella Domingues
DESIGNER ASSISTENTE	Maria Cecília Vidal
FOTOGRAFIA	John Eaton
DESENHOS	Julia Panadés (Hildegarten)
	Elvira Vigna (*O livro de Zenóbia*)

FONTE	Sabon (Jan Tschichold, 1967)
PAPEL	Pólen Soft 80 g/m²
IMPRESSÃO	Formato Artes Gráficas

Belo Horizonte
Março de 2020